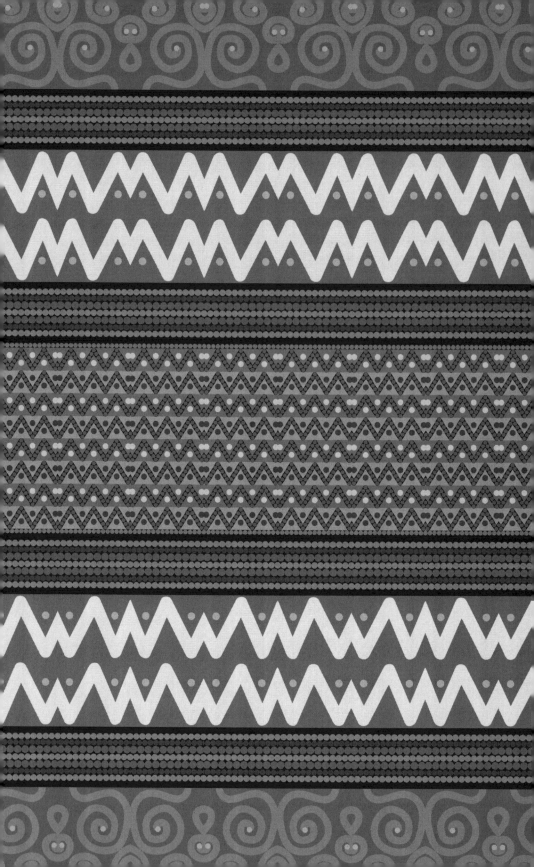

CLAUDIA ALEXANDRE

ORIXÁS no TERREIRO SAGRADO do SAMBA

EXU & OGUM NO CANDOMBLÉ DA VAI-VAI

coedição

Rio de Janeiro
2021

Copyright © Claudia Alexandre, 2020
Direitos de publicação © Editora Aruanda, 2021

Direitos reservados e protegidos pela lei 9.610/1998.

Todos os direitos desta edição reservados à
Fundamentos de Axé Editora
um selo da EDITORA ARUANDA EIRELI.

2ª reimpressão, 2023

Coedição Editora Griot

Coordenação editorial Aline Martins
Consultoria editorial Heloisa C.M. Vasconcellos
Preparação Jonathan Busato
Revisão Letícia Côrtes
　　　　 Editora Aruanda
Projeto e diagramação Sem Serifa
Imagem da capa Capim
Ilustrações Leticia Moura | Conjunto 31
Impressão Gráfica Eskenazi

Texto de acordo com as normas do Novo
Acordo Ortográfico da Língua Portuguesa
(Decreto Legislativo nº 54, de 1995)

Dados Internacionais de Catalogação na
Publicação (CIP) de acordo com ISBD
Bibliotecário Vagner Rodolfo da Silva CRB-8/9410

A3810　Alexandre, Claudia
　　　　　Orixás no terreiro sagrado do samba: Exu e Ogum
　　　　no Candomblé da Vai-Vai / Claudia Alexandre. –
　　　　Rio de Janeiro, RJ: Fundamentos de Axé, 2021.
　　　　208 p.: 15,6 cm x 22,8 cm.

　　　　Inclui bibliografia.
　　　　ISBN: 978-65-87708-05-8

　　　　　1. Religiões africanas. 2. Não-ficção
　　　　religiosa. 3. Candomblé. 4. Umbanda.
　　　　5. Carnaval. I. Título.
　　　　　　　　　　　　　　　　　　CDD 299.6
2021-194　　　　　　　　　　　　　　CDD 299.6
　　　　　Índice para catálogo sistemático:
　　　　　　1. Religiões africanas　299.6
　　　　　　2. Religiões africanas　299.6

[2023]
IMPRESSO NO BRASIL
http://editoraaruanda.com.br
contato@editoraaruanda.com.br

*Aos meus ancestrais, razão de minha existência;
à minha mãe Olivia, que foi ao Orum depois de me
ensinar o sentido de poder; ao meu pai Luiz, que,
recentemente, foi ao encontro dela, deixando-nos
exemplos de amor e generosidade; e à minha filha
Rubiah, a prova de todas as minhas possibilidades.*

AGRADECIMENTOS

Com certeza, aqui não caberia a enorme relação de pessoas que participaram de minhas alegrias e angústias para compor a pesquisa inicial que resultou neste livro, um trabalho que me inseriu definitivamente no mundo acadêmico. Uma experiência tão intensa que, na época, eu comparei a uma gestação — com trabalho de parto e tudo! Enfim, nasceu a pesquisa, o livro e mais uma oportunidade de agradecer a Exu, por me permitir adentrar e vasculhar um de seus territórios, a Oxum e a Obaluayê,[1] que comandam meus caminhos, e ao Caboclo Tupinambá, que me guia desde sempre.

Aos meus queridos mestres da PUC-SP, começando por Afonso Maria Ligório Soares que, com sua sensibilidade, me incentivou a continuar na Ciência da Religião, depois de examinar minha monografia de pós-graduação, e ingressar no mestrado. Afonso abriu mão de me orientar, transferindo a tarefa para o professor Edin Sued um pouco antes de falecer, em 2015.

Agradeço à professora Maria Ângela Vilhena, que me orientou na especialização, e ao professor Ênio Brito, porque sem eles o abismo que existe entre o estudo das religiões de matrizes africanas e a Ciência da Religião seria maior.

Ao professor Vagner Gonçalves da Silva, que me honrou como examinador da dissertação e, agora, assina o prefácio deste livro.

---

1   Ainda que a grafia "Obaluaê" seja mais comumente utilizada, neste livro, por opção da autora, adotaremos o padrão "Obaluayê", pois esta grafia faz referência direta ao seu significado em iorubá. Segundo o *Dicionário yorubá-português*, de José Beniste (Bertrand Brasil, 2019), "ọba" quer dizer "rei, monarca, soberano"; "olú" é um prefixo que indica "um senhor, mestre, alto chefe de uma sociedade"; e "ayé" ou "àiyé", representa "mundo, planeta" (também pode significar "terra", pois é a oposição de "ọ̀run", "céu, firmamento"). Dessa forma, "Obaluayê" quer dizer "soberano senhor da terra" ou "rei senhor do mundo". [Nota da Editora, daqui em diante NE]

Agradeço ao amigo Alexandre Kishimoto, que gentilmente revisou a pesquisa que originou esta obra.

Minha gratidão aos companheiros-protetores de longe: da Baixada Santista, o doutor em Educação, amigo, irmão de vidas, César Rodrigues (IFSP, Cubatão); e, de Salvador, a doutora em Museologia, Maria da Graça Teixeira (UFBA).

Agradeço aos meus filhos e irmãos do Centro de Estudos, Pesquisas Aplicadas e de Terapias de Cura Espiritual (CECURE); e também do Templo da Liberdade Tupinambá, principalmente aos que acompanharam todo o processo e aos que me ajudaram direta e indiretamente nesta jornada.

À toda a família Vai-Vai, uma grande nação, que sempre me acolheu tão bem, em especial, Pai Francisco d'Oxum, Thobias da Vai-Vai, Fernando Penteado, Paulo Valentim, Osvaldinho da Cuíca, Dona Joana, Niltes, Sandrinha Maria e todos que deram voz e enriqueceram este trabalho.

Enfim, à família Alexandre, minha fiel torcida: Luiz Alexandre (1932-2021), meu pai; Luiz Alexandre Jr., meu irmão; Rubiah Alexandre de Moura, minha filha; Huanayra Achar Alexandre e Beatriz Alexandre, minhas sobrinhas; meu primo-irmão, Luis Carlos (Luizinho SP), e minhas primas, Sueli, Camila e Michela Alexandre. Obrigada por me ajudarem a acreditar e por me apoiarem neste caminho de fé que nos une.

Laroiê, Exu![2]

Agô![3]

Estou entrando em sua casa.

Vou entrar na Vai-Vai.[4]

---

2 "Exu — *èsú* — Saudação: *Láròyé* (Ele é controverso!); Lit.: 1 (forma modificada *ní* — verbo ser) + *àròyé* (s. debate, controvérsia, discussão). V. *èsú*; *láròyé*" (Jagun, 2017, p. 374). [Todas as notas não assinadas são da autora]

3 "*Àgò* — s. desculpa; permissão; licença. Expressão utilizada para interromper conversa ou entrar em algum ambiente. Resposta: *àgò yà* (licença concedida), *àgò yé* (permissão compreendida). V. *àgoyá*; *àgoyé*; *àforíji*" (Jagun, 2017, p. 374).

4 O nome pode ser tratado no feminino ou no masculino. No feminino, quando se fala em escola de samba e agremiação carnavalesca; no masculino, tratando do Cordão Vai-Vai ou citando o Grêmio Recreativo Escola de Samba Vai-Vai. Aqui, usamos no sentido feminino.

Figura 1.[5] Símbolo da escola de samba Vai-Vai e o tridente da rua São Vicente. Ilustração: Jamil de Odé (2017).

5   Ilustração apresentada na pesquisa de mestrado defendida em 2017, que simboliza o tridente do orixá Exu representado pelo cruzamento das ruas onde se localiza o terreiro da escola de samba Vai-Vai, no bairro da Bela Vista, em São Paulo.

SUMÁRIO

Apresentação: vamos falar de Claudia Alexandre 15

Prefácio: orixás no terreiro de samba:
iluminando terreiros e esquentando pandeiros 17

Introdução 23
    Jornalismo, religião e samba 25
    Exu e Ogum na pesquisa 28
    Caminhos para investigar o Candomblé da Vai-Vai 36

1.   Batuques e performances do corpo negro:
    onde resistiram o samba e o Candomblé 45
    1.1 Perseguição profana às raízes sagradas do samba 47
    1.2 Samba para um lado e macumba para o outro? 51
    1.3 Dos terreiros para as escolas de samba 57
    1.4 As religiões afro-brasileiras em São Paulo 60
    1.5 Samba e religião em São Paulo: do interior para a capital 76

2.   Vai-Vai, um território negro 89
    2.1 Bixiga: bairro negro de nascimento
        e território negro em movimento 90
    2.2 Cordão Vae-Vae: batuque, samba e proteção 99
    2.3 1972: nasce a escola de samba e o terreiro sagrado do samba . . . 107
    2.4 Chiclé, o presidente que estabeleceu o Candomblé na Vai-Vai . . 120
    2.5 O povo do samba e o Candomblé da Vai-Vai 131
    2.6 Um babalorixá na Vai-Vai 133

3. Exu e Ogum no terreiro de samba 141

   3.1   O terreiro de samba da Vai-Vai 141

   3.2   O Candomblé da "nação Vai-Vai" 149

   3.3   Exu e o tridente: na encruzilhada da Vai-Vai 154

   3.4   Ogum abre os caminhos para a Vai-Vai passar 159

   3.5   Um quarto de santo no terreiro de samba 165

   3.6   Procissão e Feijoada de Ogum no terreiro de samba 168

Conclusão 179

Posfácio: Dona Marcinha e Dona Nenê,
as guardiãs do axé da Vai-Vai 183

   Mulheres na Vai-Vai 185

   Duas mulheres e dois orixás 187

   Dona Nenê e a chegada de Ogum 190

Referências bibliográficas 193

Anexo: calendário de Festas Religiosas da Vai-Vai 201

   1.1   Festa de São Cosme, Damião e Doum 201

   1.2   Festa de São Benedito 203

   1.3   O Ensaio da Benção: o último encontro antes do desfile 205

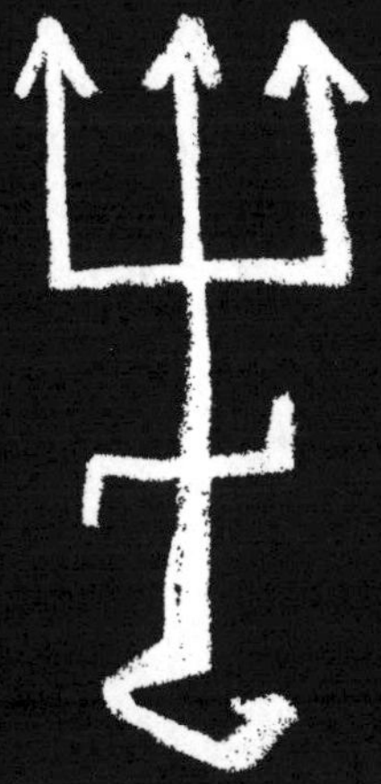

APRESENTAÇÃO

VAMOS FALAR DE CLAUDIA ALEXANDRE

Quero dizer inicialmente que essa querida autora me representa, sim. Ela é, para mim, uma irmã da qual tenho muito orgulho. Costumo dizer que ela é o nosso orgulho, o orgulho de nossa raça!

Conheci a Claudinha — como os sambistas carinhosamente a conhecem — na década de 1990, em um episódio muito curioso de sua vida profissional. Na época, eu apresentava um programa de samba na Rádio América (SP) e ela, recém-formada em Jornalismo, foi até lá para me entrevistar sobre a estreia do programa. Acontece que a rádio estava com uma vaga para repórter e o diretor, por um "acaso", entrou na sala. Eu a apresentei e, naquele dia, ela simplesmente saiu contratada pelo departamento de jornalismo, o que nos tornou colegas de emissora. A América é uma rádio católica e, na época, ficamos eu, Claudinha Alexandre e a saudosa locutora Lilian Loy como os primeiros profissionais negros à frente dos microfones.

A partir daí, nossa amizade foi se fortalecendo e tivemos a oportunidade de dividir grandes projetos para o samba de São Paulo, como o livro *Vai-Vai: o orgulho da Saracura* (2002) e o Festival de Samba de Quadra do Estado de São Paulo (2001). Eu sempre torcendo por ela, e ela sempre torcendo por mim.

Somos de uma geração que enfrentou mais dificuldades do que as novas gerações enfrentarão e, por isso, nos acostumamos a comemorar nossas vitórias, superando os desafios que vieram, principalmente porque nossos caminhos estão enraizados no terreiro de samba. Assim, seguimos semeando e colhendo bons frutos, como registram as páginas desta obra.

Hoje, me sinto muito orgulhoso por poder dar minha opinião sobre um trabalho maravilhoso e religioso, que diz respeito à nossa cultura e, principalmente, às religiões de matriz africana. Eu, como alguém oriundo da cultura das escolas de samba, sabendo que esse Carnaval negro tem um compromisso com a ancestralidade, sinto-me muito honrado por ter nas mãos este livro, que conta um pouco de cada um de nós que mantemos essa grande nação chamada Vai-Vai com amor, paixão e devoção.

Como sambista, estou muito feliz, e à Claudinha Alexandre só posso desejar que seja o início de uma nova etapa e de uma carreira bem-sucedida como escritora, porque, como jornalista, ela sempre me deu muitas alegrias e muito orgulho de nossa parceria.

Deus a abençoe, Ogum abra seus caminhos e Exu esteja sempre de prontidão, livrando-a dos males maiores!

— Thobias da Vai-Vai —
Presidente de Honra da Escola de Samba Vai-Vai
Fevereiro de 2020

PREFÁCIO

ORIXÁS NO TERREIRO DE SAMBA: ILUMINANDO TERREIROS E ESQUENTANDO PANDEIROS*

Desde o dia em que passei
numa esquina e pisei num despacho,
entro no samba, meu corpo tá duro.
Bem que procuro a cadência e não acho.
Meu samba e meu verso não fazem sucesso.
Há sempre um porém.
Vou à gafieira, fico a noite inteira,
no fim, não dou sorte com ninguém.
Mas eu vou num canto,
vou num pai de santo,
pedir qualquer dia
que me dê uns passes,
uns banhos de erva e uma guia.
Está aqui no endereço,
um senhor que eu conheço
me deu há três dias.
O mais velho é batata,
diz tudo na exata.
É uma casa em Caxias

A letra de "Pisei num despacho" (1947), de Geraldo Pereira e Elpídio Viana, famosa nas vozes de Ciro Monteiro, Roberto Silva e Jackson do Pandeiro, pode ser um bom começo para este prefácio, pelo que ela tem de ilustrativo da relação entre as religiões afro-brasileiras e o universo da música popular brasileira, especialmente o samba. Diz o sambista que passou em uma encruzilhada e pisou em uma oferenda, certamente para Exu, orixá da comunicação e senhor dos encontros e desencontros que podem ocorrer nos caminhos bifurcados. Dali em diante, tudo desanda: o sambista perde a cadência da dança e seus versos deixam de seduzir. Solitário, percebe que é preciso ir a um terreiro (uma "casa em Caxias"), pois o pai de santo saberá fazê-lo se reconectar consigo mesmo e com o mundo ao redor: o passe e a guia (colar de contas) o religarão às energias sagradas da Umbanda ou do Candomblé, e o banho de ervas purificará seu corpo em contato com a natureza. Assim, voltará a ter sorte, amor e inspiração.

Mas por que o passo em falso do sambista, no âmbito da religião, tem consequências no âmbito de sua arte e de sua vida cotidianas? E por que o terreiro é esse epicentro de forças regenerativas capaz de reorganizar o mundo para além da dicotomia sagrado/profano que caracteriza a modernidade ocidental?

As respostas a essas perguntas, o leitor encontrará neste primoroso livro de Claudia Alexandre, que tem por foco as relações entre duas importantes instituições da cultura negra no Brasil: o terreiro e a escola de samba. O campo empírico de sua observação é a escola de samba Vai-Vai, em São Paulo, e, nesta, a presença de valores e práticas religiosas afro-brasileiras no cotidiano de seus integrantes.

Como se sabe — ou, quem sabe, não se sabe —, as relações entre essas instituições existem desde que o samba é samba e desde que a macumba é macumba. E macumba, aqui, não é coisa ruim; é apenas uma palavra de origem banto que designa um instrumento de percussão (atabaque) e a religião daqueles que o tocam, os macumbeiros. Isso demonstra que a música é tão definidora das religiões afro-brasileiras que estas recebem o nome de um instrumento musical utilizado nas sessões de louvação às entidades (orixás, voduns, inquices, caboclos etc.). Sessões chamadas, aliás, também de "toques" e "festas".

Ou seja, ir a um toque ou a uma festa de Candomblé é ir a uma cerimônia religiosa onde haverá música, dança, comida e bebida. Rezar e festejar não são antinomias nos sistemas de valores de origem africana. Ao contrário, são os próprios deuses que gostam de ser louvados assim: rezar cantando, rezar tocando, rezar dançando, rezar cozinhando, rezar costurando e assim por diante.

Se essa cosmovisão — pautada pela alegria, pela jocosidade e pelo cuidado com o corpo e com a mente em busca de equilíbrio com as energias vitais, como o axé que está em tudo e em todos — tem como epicentro o terreiro, ela não se limita a ele, pula os muros e escapa para as encruzilhadas de Exu, para as estradas de Ogum, para as matas de Oxóssi, para as águas de Oxum e Iemanjá, sem mencionar o próprio ar de Oxalá. E isso se chama enredo ou "enredo de santo", que é um conjunto harmônico de entidades que se apresentam de formas diferenciadas e reunidas em cada terreiro e na cabeça (orí) de cada pessoa.

E aqui começamos a ver as conexões que Claudia Alexandre nos mostra em sua minuciosa etnografia. O "enredo de santo" se espraia para o "enredo de samba", já que as escolas também podem ter seus padroeiros (santos católicos e orixás), sacralizam seus espaços com assentamentos, bênçãos e práticas religiosas, possuem frequentadores, iniciados ou não, que trafegam entre uma instituição e outra, e fazem do festejar um ato repleto de simbolismos múltiplos. E, mais ainda, se pensarmos a organização do desfile como uma festa cíclica, como também o são as festas do Candomblé, percebemos a presença de um modo de saber e fazer comum a ambos os universos. Se, no terreiro, o enredo dos santos é louvado no xirê quando os adeptos dançam formando um círculo e cantam em certa ordem para os orixás (de Exu a Oxalá), no Sambódromo a escola desfila seu enredo com os dançantes organizados em alas, que, com dança e música, "contam" as partes que compõem a narrativa ou o tema escolhido. Portanto, não é sem motivo que, quando tais enredos abordam temas da cultura africana ou afro-brasileira, em geral, a comissão de frente ou o abre-alas se apresenta com alegorias associadas a Exu.

Essa ausência de fronteiras entre os universos lúdico-artístico e religioso não deve ser vista, entretanto, como poluição ou profanação, a não ser desde um ponto de vista purista ou de quem usa a lógica dicotômica da filosofia religiosa eurocentrada que elabora conceitos como "sagrado" e "profano", estranhos às comunidades que pensam esses polos como contínuos de experiência ou como pontos relativos a depender do contexto.

Assim, dos terreiros recifenses, saíram os maracatus que, com sua corte negra, desfilam as bonecas kalungas representantes dos orixás na rua. Dos terreiros baianos, saíram os afoxés e os blocos afro a cantar cantigas de louvação no ritmo do ijexá,[1] enquanto desfilam pelas avenidas a dançar a dança dos orixás. No Rio de Janeiro, esse entrelaçamento também é perceptível, pelo menos desde as primeiras décadas do século xx, quando dos núcleos religiosos surgiram os compositores que consolidaram o estilo musical do samba e os cordões Carnavalescos, antecessores das escolas de samba. As fronteiras que separavam essas intuições eram muito tênues — e talvez nem fosse adequado utilizar o termo "fronteiras". O depoimento de João da Baiana, compositor que circulava pelas casas (terreiros) das tias-baianas existentes na região central do Rio de Janeiro, é exemplar desse processo:

> cantavam muito, pois sempre estavam dando festas de Candomblé; as baianas da época gostavam de dar festas. A Tia Ciata também dava festas. Agora, o samba era proibido e elas tinham que tirar uma licença com o chefe de polícia. Era preciso ir até a Chefatura de Polícia e explicar que ia haver um samba, um baile, uma festa, enfim. Daquele samba saía batucada e Candomblé, porque cada um gostava de brincar à sua maneira. (MOURA, 1983, p. 63)

Como se vê, a organicidade existente na cultura afro-brasileira, apesar de sua grande diversidade de manifestações, sempre foi negada pelas forças repressoras das elites e pelo Estado nacional brasileiro, o qual, mesmo em sua fase republicana, a reprimiu ou a tratou de cooptar.

Em São Paulo, a situação não era diferente. O samba rural paulista era produzido a partir dos encontros religiosos nos quais santos católicos conviviam com as entidades populares. Geraldo Filme afirma na letra do famoso samba, "Batuque de Pirapora":

---

[1] O termo *Ìjèṣà*, que se refere a uma região e a um subgrupo étnico iorubá, foi adotado para representar, também, um ritmo trazido para a Bahia pelos negros escravizados oriundos da cidade de Ilesa, Nigéria. [NE]

> Samba de Piracicaba, Tietê e Campineiro.
> Os bambas da Pauliceia não consigo esquecer.
> Frederico entrou na zabumba, fazia a terra tremer.
> Cresci na roda de bamba, no meio da alegria.
> Eunice puxava o ponto, Dona Olímpia respondia.
> Sinhá caía na roda, gastando a sua sandália
> e a poeira levantava com o vento da Sete Saias.
> Lá no terreiro tudo era alegria, nego batia na zabumba e o boi gemia.

O mesmo ocorria nos bairros centrais da cidade paulistana, como Barra Funda, Bixiga e Baixada do Glicério. Foi neste bairro que Madrinha Eunice, citada na letra, adepta da Quimbanda (onde se puxa pontos para entidades como Sete Saias) fundou a primeira associação Carnavalesca que teve nome de "escola de samba": a Lavapés. Inúmeras outras escolas, como a Unidos do Peruche, também mantiveram relações de proximidade com as religiosidades afro, muitas tendo, inclusive, assentamentos das divindades em suas quadras.

Enfim, em muitos desses núcleos de cultura negra, samba e macumba são expressões associadas, como mostra a letra de um samba dos anos 1930, de autoria desconhecida, relembrada por Inocêncio Mulata em depoimento a Wilson de Moraes (1978, p. 43 apud SILVA, 2004, p. 144):

> Não sô do morro nem da favela.
> Brigo, não corro e se apanhá não conto guela.
> Sô da Barra Funda,
> a zona do samba,
> onde tem macumba, olé,
> e tem gente bamba.

Mas se essas experiências de simultaneidade no cotidiano dos adeptos e sambistas são conhecidas nas comunidades, como o quadro traçado anteriormente pretendeu mostrar em linhas gerais, elas não são ainda muito exploradas desde o ponto de vista das abordagens acadêmicas, sobretudo quando se trata de São Paulo. E aqui reside a primeira grande contribuição dada por Claudia Alexandre. Partindo de uma pesquisa sincrônica feita em profundidade na comunidade Vai-Vai, a autora se dedica a entender as várias dimensões dessas relações. Inicia com uma abordagem mais ampla, enfatizando as manifestações sagradas e profanas no contexto paulistano, mostrando que tais dicotomias encontraram nas performances do corpo negro um jeito de existir e resistir às perseguições e opressões. Em seguida, se concentra no território negro do Bixiga, onde se localiza a escola de samba Vai-Vai, para então descrever as práticas religiosas que se davam em meio às atividades Carnavalescas da comunidade. Vale lembrar que outro mérito da pesquisa é documentar um processo recente de consolidação dessas práticas como corolário de afinidades existentes há algum tempo, mas que somente agora se formalizaram com a transformação do barracão da escola também em um barracão de culto aos orixás.

Por fim, não poderia terminar sem me referir à própria trajetória da pesquisadora, que nos é apresentada na Introdução do livro — mulher negra, oriunda do jornalismo e dos grupos aos quais se dedica a pesquisar —, e destacar a enorme contribuição que isso representa para a construção da diversidade no âmbito das agências de produção de conhecimento e representações sobre o outro. Se o livro versa sobre os cruzamentos e convergências de universos existentes na escola de samba sob a égide de Exu e Ogum, que esses orixás possam nos ajudar na luta necessária por mais inclusão e justiça em outras "escolas" e demais espaços institucionais e sociais.

— Vagner Gonçalves da Silva[2] —
São Paulo, julho de 2018

---

2   Professor, pesquisador e orientador do Departamento de Antropologia do Programa de Pós-Graduação em Antropologia Social e do Programa de Pós-Graduação em Estética e História da Arte da Universidade de São Paulo. Doutor em Antropologia (USP). Pós-doutor pela Harvard University, onde foi *fellow* no W.E.B. Du Bois Institute for African and African American Research. Pós-doutor pela City University of New York (Graduate Center), onde foi professor visitante pelo Fulbright Scholar Program. É autor de *Candomblé e Umbanda: caminhos da devoção brasileira* (Selo Negro, 1994), *Orixás da metrópole* (Vozes, 1995), *O Antropólogo e sua magia: trabalho de campo e texto etnográfico nas pesquisas antropológicas sobre religiões afro-brasileiras* (Edusp, 2000), *Intolerância religiosa: impactos do neopentecostalismo no campo religioso afro-brasileiro* (Edusp, 2007), Memória afro-brasileira (coleção em 3 volumes — Selo Negro, 2002, 2004, 2007), *Exu: o guardião da casa do futuro* (Pallas, 2015), *Exu: um deus afro-atlântico no Brasil* (no prelo) e *Terreiros tombados em São Paulo* (no prelo).

INTRODUÇÃO

> Na festa do Carnaval, o diálogo entre os opostos representa o ser humano em sua integridade *fragmentada* e em sua *fragmentação* "cosida" pela integridade. Por conta dessa experiência paradoxal é que o Carnaval revela no folião o devoto e, no devoto, o brincante.
>
> — Edmilson de Almeida Pereira —

Este livro é uma narrativa sobre duas manifestações que sempre dialogaram: religiões afro-brasileiras e escolas de samba.

Minha intenção é sugerir um olhar "desfragmentado" sobre a presença dessas religiões em manifestações e expressões que ajudaram a construir o que chamamos de identidade nacional. Faço muitas reflexões a partir da vivência da comunidade da escola de samba Vai-Vai, na cidade de São Paulo, e a ancestralidade do povo negro nos espaços urbanos. Trata-se de uma organização carnavalesca fundada em 1930 por um grupo de negros na qual, apesar das transformações inerentes ao tempo, há uma tradição religiosa para além das festividades. Lá, por muitas vezes, o terreiro de samba transforma-se em um espaço sagrado, em um terreiro de orixás, revelando uma importante ligação com as tradições de Candomblé.

Sendo assim, esta obra não tem a pretensão de colocar o Candomblé de um lado e as manifestações das escolas de samba de outro. O objetivo é mostrar ao leitor a razão e a possibilidade que os une, chamando a atenção para o complexo diálogo entre esses dois temas que, separadamente, já possuem diversos estudos no campo das Ciências Sociais e Humanas. Este livro é o resultado de duas pesquisas que foram desenvolvidas em Ciência da Religião,[1] uma área cujo propósito, entre outros, consiste em investigar todas as formas de manifestação das religiosidades pelo mundo, acolhendo a diversidade das experiências e das expressões ditas religiosas.

Destaco aqui "expressões" e "linguagens religiosas" para chamar atenção para o amplo espaço no qual se inserem as pesquisas em Ciência da Religião, que muitas vezes se deparam com múltiplas possibilidades, algumas inclusive às margens, com um pé na religião e outro na arte (NOGUEIRA, 2012, p. 16 apud BRITO, 2013, p. 439). A simbolização e o complexo simbólico arte/religião constituem formas privilegiadas de formular modelos na forma de olhar o mundo. "Nesse sentido, a religião se comporta como um tipo de linguagem, de linguagem da cultura" (NOGUEIRA, 2013, p. 443).

Quando me deparei com uma escola de samba que promove rituais de Candomblé dentro do espaço das festas carnavalescas, observei como a linguagem simbólica dá sentido ao que o grupo realiza em torno do que lhe é sagrado. Somente quem vivencia é capaz de explicar como é possível relacionar realidades aparentemente desconexas, reunir o que está disperso, apontar para o que não se vê e organizar o que parece caótico, ou seja, somente entrando nesse universo negro e do samba para descobrir os significados de tamanha complexidade.

Em rituais religiosos e profanos, o simbólico é a expressão que se dirige ao ser humano por inteiro — mobiliza os sentidos, a percepção, as emoções, a razão, a subjetividade e a objetividade. A pesquisadora Maria Angela Vilhena (2005, p. 59) aponta que todo e qualquer ritual teria origem no imaginário que se expressa de forma prioritária pela linguagem simbólica. Seguindo esse caminho, este livro procura interpretar como a percepção de mundo africana, que se espalhou pelo Brasil a partir das violências do regime escravagista, criou novas linguagens e novas formas de expressão e (re)existência em corpos negros. Experiências que foram reinventadas em redes de pensares, fazeres, saberes e negociações que seguem driblan-

---

[1] A defesa da monografia no Programa de Pós-Graduação em Ciência da Religião ocorreu em 2015, e a da dissertação de mestrado em Ciência da Religião, em 2017, ambas na Pontifícia Universidade Católica (PUC-SP).

do todas as tentativas de esquecimento de um lugar do passado, rememorando práticas ancestrais no presente. Falar de samba e escolas de samba também é evocar a ancestralidade.

O que encontrei na escola de samba Vai-Vai foi uma religiosidade que surpreende pelo sentido identitário que empresta aos integrantes, mas também pela forma encontrada para enfrentar uma sociedade tão desigual. Quando inserem símbolos associados às religiões de matrizes africanas na rotina da comunidade, tendo os orixás Exu e Ogum[2] como patronos da própria tradição, forma-se um território sagrado do samba. O interessante é que tudo sempre esteve sob os cuidados de um "responsável religioso". Duas matriarcas, Dona Nenê e Dona Marcinha, foram as primeiras a cuidar dos assentamentos[3] até o início dos anos 2000. Com a morte das mulheres, houve uma pausa nas práticas rituais até 2004, quando o pai de santo (babalorixá) Francisco d'Oxum assumiu o cargo, permanecendo como responsável religioso até 2019. Foi ele quem tornou pública a tradição do culto aos orixás na Vai-Vai.[4]

Esse sistema religioso possui, ainda, um quarto de santo[5] (ilê orixá), um espaço restrito para os assentamentos e os objetos sagrados dos orixás, assim como existem nos terreiros de cultos afro-brasileiros. Ali, com as portas fechadas e com acesso proibido aos não iniciados e não autorizados, é a morada de Exu e Ogum do Candomblé da Vai-Vai.

JORNALISMO, RELIGIÃO E SAMBA

Como jornalista, fui uma das poucas profissionais negras que atuou na cobertura dos desfiles das escolas de samba de São Paulo entre os anos de 1989 e 2014, época na qual percorri diversas agremiações, registran-

---

2   Os orixás e seus significados serão descritos no Capítulo 3.
3   Objetos sagrados dos orixás que estão no quarto de santo,
     reservado dentro da quadra da escola de samba Vai-Vai.
4   A pesquisa acompanhou o trabalho de Pai Francisco entre 2014 e 2018.
5   Os quartos de santo são cômodos reservados em terreiros de Candomblé que costumam
     ter algo que distingue a que orixá eles pertencem. Segundo Kileuy e Oxaguiã (2014,
     p. 42), os pequenos quartos que "abrigam" os orixás são chamados de ilê orixá.

do a rotina para os desfiles. Divididas em duas categorias — escolas de samba e blocos carnavalescos de enredo —, elas são representadas por associações e classificadas de acordo com o poder de disputa que detêm no universo do Carnaval paulistano.

O Grêmio Recreativo e Cultural Escola de Samba Vai-Vai é uma das principais agremiações carnavalescas da cidade. Conta com o maior número de títulos do Carnaval paulistano, tendo sido dezesseis vezes campeã.[6] Chama atenção o fato de que, em nenhuma outra escola de samba, exista um sistema com tantos símbolos religiosos, altares com imagens de santos e objetos consagrados aos orixás. A marca definitiva dessa relação é a possibilidade de se presenciar, dentro do terreiro de samba, práticas rituais legitimadas por um sacerdote e identificadas especialmente com as tradições do Candomblé.

Entretanto, o fato de ter transitado anteriormente, por tanto tempo, nos espaços do samba não foi suficiente para que eu percebesse a amplidão e a riqueza desses locais, que preservam os valores ancestrais e reafirmam a identidade étnico-cultural do grupo carnavalesco. Não há dúvidas de que o carnaval-espetáculo, ao se firmar como produto de consumo da indústria cultural, tornou invisíveis os valores nos quais se estrutura a cultura popular (BARONETTI, 2015, pp. 21-7; p. 105).

Minha aproximação com as escolas de samba até então tinha como objetivo apenas a produção de matérias jornalísticas para a mídia, cujo interesse está exatamente no espetáculo artístico-musical dos sambistas, no luxo das fantasias e na grandiosidade das alegorias, elementos que representam apenas um fragmento dessa manifestação cultural.

Quanto à religião, nasci em uma família que representa bem o trânsito das pessoas no campo religioso brasileiro. Quando iniciei minha carreira profissional, em 1988, já era seguidora da Umbanda e mantinha certa relação com o Candomblé, por ser filha de um iniciado. Meu pai, Luiz Alexandre, era filho de Obaluayê e Iansã, pertencente a uma família de santo da nação nagô-vodunsi[7] da cidade de Cachoeira, no Recôncavo da Bahia.

---

6   Foram quinze títulos no Grupo Especial e, em 2020, um no Grupo de Acesso.
7   "Na cidade de Cachoeira, os candomblés nagôs intercalam as suas danças com o "quebrado" próprio dos terreiros jejes [...] Eles dançam muito batá, muito setá, como se estivesse na terra

Em 2009, tornei-me dirigente do Centro de Estudos, Pesquisas Aplicadas e Terapias de Cura Espiritual (CECURE), em São Paulo, e do Templo da Liberdade Tupinambá (TLT), em Paraty (RJ). Em 2012, também fui iniciada para os orixás Oxum e Obaluayê, na mesma família de santo de meu pai. Esse foi o resultado de minha educação religiosa alternada entre a devoção de meu pai aos orixás e a de minha mãe, Olivia Alexandre (1943-1988), que — apesar de se dizer católica — era frequentadora de um centro espírita (kardecista) e de um terreiro de Umbanda, ajudava meu pai no trato com as obrigações do Candomblé e era leitora de Chico Xavier.

Já o samba, na minha casa, era quase sinônimo de religião. Meu pai reunia a família e animava os finais de semana com a vitrola tocando, sempre, os últimos lançamentos dos melhores sambistas do Brasil. Durante o Carnaval, apesar de não frequentarmos nenhuma escola de samba, ele nos brindava com os discos dos sambas-enredo de São Paulo e do Rio de Janeiro. Sempre digo que foi ouvindo os sambas-enredo que me entendi como uma pessoa negra, uma mulher negra, em um Brasil de desigualdades raciais.

Coincidência ou não, meu primeiro estágio foi na equipe do programa *Rede Nacional do Samba*, transmitido entre os anos 1980 e 2000 pela rádio Gazeta AM (890 kHz), apresentado por um comunicador considerado referência nos assuntos relacionados ao samba e às escolas de samba do Brasil: o paulistano Evaristo de Carvalho (1932-2014).

O nome de Evaristo está gravado nas páginas da história do samba paulista, pois ele participou ativamente do processo de oficialização e organização dos desfiles das agremiações carnavalescas (cordões, blocos e escolas de samba) da cidade de São Paulo (1967), além de ter sido dirigente da extinta Federação das Escolas de Samba e um dos cronistas mais respeitados no meio (BARONETTI, 2015, pp. 42-50).

Ainda como "foca",[8] fui admitida por esse grande mestre, a quem devo, além de todo o ensinamento e a generosa convivência, o reconhecimento profissional que alcancei, principalmente como repórter na

do jeje. [...] Todavia, não é isso que diferencia ou caracteriza o nagô-vodunsi, mas sim o caboclo e o fato de não se incluir, na iniciação, a raspagem da cabeça" (SOUSA JÚNIOR, 2005, p. 56).

8 Alcunha atribuída aos jornalistas iniciantes.

cobertura dos desfiles das escolas de samba. Foram três anos de muitos desafios. Uma mulher — jovem, negra, recém-formada — em um universo machista, atuando em um mercado de trabalho excludente e racista. Por muito tempo, me percebi como a única repórter negra a circular na cobertura dos desfiles do Carnaval e no ambiente das escolas de samba de São Paulo.

Foram as oportunidades de exercer o jornalismo que me permitiram conhecer os diversos territórios do samba da cidade, como as quadras das escolas, e testemunhar como se mantêm as redes de sociabilidade, solidariedade e de disputa de poder nessas comunidades. São questões que incluem as relações entre os integrantes, as negociações políticas, as demandas de gênero, as histórias de vida e as dificuldades na gestão das organizações, em um espaço no qual as tensões com o poder público marcam a história desse universo carnavalesco.[9]

No entanto, não há dúvidas de que as escolas de samba também se constituem em espaços de devoção e de rituais sagrados e profanos. Mas é preciso um olhar desfragmentado, considerando o todo, para perceber que, em muitos aspectos, "os mundos do Candomblé e do Carnaval se assemelham, ou são reflexos um do outro" (AMARAL, 2002, p. 99), como veremos adiante.

EXU E OGUM NA PESQUISA

Acho importante destacar que encontrei uma religiosidade na Vai-Vai para além do resultado estético do espetáculo, algo que não se vê na tela da televisão. O olhar fragmentado, reproduzido pelos meios de comunicação, é incapaz de revelar o que sustenta a devoção daqueles sambistas no momento máximo da festa. Ali, com certeza, a paixão transcende o componente, transformando a escola de samba em um terreiro vivo em plena passarela. O pesquisador Edmilson de Almeida Pereira observou que:

---

9   Baronetti (2015) faz um levantamento e analisa a oficialização do Carnaval das escolas de samba de São Paulo, junto com o processo de negociação e regulação das agremiações carnavalescas e de criação de políticas municipais para financiamento do desfile na cidade.

> no decorrer dos desfiles das grandes agremiações, quando os meios de co-
> municação captam, em plano geral, a massa de anônimos e, em close, os
> personagens famosos do mundo do espetáculo, estão de fato captando
> uma fração do Carnaval. (PEREIRA, 2004, p. 44)

Foi na cobertura do Carnaval de 2011 que, pela primeira vez, se confirmou em rede nacional a devoção da Vai-Vai aos orixás para além da avenida. Naquele ano, com o enredo "A música venceu" — uma homenagem ao maestro João Carlos Martins —, a escola apresentou um espetáculo surpreendente e sagrou-se campeã. Diante das câmeras, Darli Silva (Neguitão), presidente da escola, se pronunciou:

> Agradeço primeiramente ao meu pai Ogum, meu protetor, a toda a co-
> munidade e a esse anjo que é o maestro João Carlos Martins. [...] Ele
> [Ogum] é meu pai protetor, que está comigo nas batalhas e não me dei-
> xa só. (GI, 2011)

Em poucas palavras, o presidente revelava sua devoção individual e também reverenciava o orixá Ogum em nome de toda a comunidade. Ogum, o guerreiro, vencedor das demandas e batalhas, era revelado como o patrono da escola.

Nos mitos, o orixá Ogum é aquele que abre os caminhos, conquista os reinos, traz a abundância, ensina a caçar e a forjar o ferro. "Ogum é aquele a quem pertence tudo de criativo no mundo, aquele que tem uma casa onde todos podem entrar" (PRANDI, 2001, p. 99).

Além de Ogum, outro orixá também é cultuado no terreiro de samba da Vai-Vai: Exu, aquele que exige o privilégio das primeiras homenagens (PRANDI, 2001, p. 82). O mensageiro, dono das ruas, principalmente das encruzilhadas, já estava ali desde a fundação. Para os sambistas mais antigos, justamente por ter chegado primeiro, Exu seria o patrono soberano da Vai-Vai (conforme veremos no Capítulo 3). Todavia, não há conflito, pois ambos recebem suas reverências de acordo com a tradição.

Exu e Ogum são os regentes de um sistema religioso elaborado no ambiente de uma escola de samba que não separa o sagrado do profano. Uma relação com a ancestralidade cujos sinais estão na rotina carnavalesca, incluindo a passarela de desfiles, mas que só podem ser percebidos se considerarmos a grandeza desse elo:

> o Sagrado está presente nos círculos sociais vinculados à experiência religiosa, mas nem por isso deixa de transcender esses círculos para instaurar-se noutras esferas em que dialoga, de maneira complexa, com o profano. (PEREIRA, 2004, p. 44)

Como entender o sagrado no espaço da escola de samba?

Mergulhar sobre a relação entre religiões afro-brasileiras e escolas de samba exige acessar as narrativas clássicas que divergem sobre a relação, ou não, entre o sagrado e o profano. Ainda são complexas as revisões de teses sobre as múltiplas faces que o sagrado assume nas esferas sociais quando se depara com aquilo que é considerado profano, como é o caso desta obra.

Émile Durkheim, autor da obra *As formas elementares da vida religiosa* (2003), difunde como princípio a separação entre o mundo profano e o mundo sagrado, acrescentando que, nessa relação, a sociedade se sobrepõe ao real. Para o autor, a religião seria um sistema de crenças e práticas resultante de um fenômeno coletivo, em que não existem crenças morais coletivas que não sejam dotadas de caráter sagrado.

Já Mircea Eliade, em *Tratado de História das Religiões* (2010), critica a delimitação da religião, exclusivamente, a um fato social. Ele aborda o fenômeno religioso por meio das hierofanias, que seriam quaisquer manifestações daquilo que é considerado sagrado, ou seja, documentos que revelam modalidades do sagrado, como ritos, mitos, cosmogonias ou um deus, "ou, por outras palavras, tentemos considerá-los como uma manifestação do sagrado, no universo mental daqueles que o receberam" (Eliade, 2010, p. 17).

Vilhena (2013) afirma que, dada a diversidade dos efeitos das hierofanias, algumas pessoas, objetos, tempos e lugares podem ser considerados mais sagrados e poderosos que outros.

> Sendo assim, mito e rito mapeiam o mundo ao assinalarem e construírem espaços físicos que são metafísicos,[10] lugares de preferência para o trânsito de pessoas e de grupos. (VILHENA, 2013, p. 516)

Em seu estudo sobre práticas dos cultos afro em um terreiro no Maranhão, Sérgio Ferretti (2007, p. 3) mostra que muitas festas populares estão intimamente ligadas ao universo simbólico das tradições africanas. O autor, que presenciou festas da cultura local — como bumba-meu-boi, tambor de crioula e festa do Divino, oferecidas a determinadas entidades cultuadas em casas de Tambor de Minas (casas das minas) —, afirma ser muito sutil "o limite entre a reação e o estado religioso". Ele usou o conceito de sincretismo religioso para afirmar que as festas religiosas constituem um componente importante das religiões populares.

Apesar de existir um debate em torno da expressão "sincretismo religioso", para a Ciência da Religião, seu significado não dialoga com teorias ou práticas opressoras, porque suas variantes são resultantes do encontro de duas ou mais experiências. Para Sérgio Ferreti (2007), por exemplo, o sincretismo nas festas dos terreiros pode ser visto como um paralelismo entre os rituais de origem africana e os do Catolicismo popular — um paralelismo de ideias e valores que estão próximos, mas que não se misturam nem se confundem: "o sincretismo encontra-se presente na religião e na cultura popular, embora tenha sido mais observado e estudado nas religiões populares" (2007, p. 3).

Ferreti aponta que o sincretismo ocorre na religião, na filosofia, na ciência e na arte, podendo ser bastante diversificado. Para desconstruir o conceito, é preciso considerar que "apesar dos aspectos pejorativos que prevalecem, sincretismo é um fenômeno que existe em todas as religiões, está presente na sociedade brasileira e deve ser analisado, quer gostemos ou não" (Ferreti, 2013, pp. 99-100).

O autor trabalha esse conceito a partir de quatro variantes — separação (não sincretismo), mistura (junção ou fusão), paralelismo (justaposição) e convergência (adaptação) — para mostrar que, além de complexo,

---

10 Lugares que transcendem a natureza física das coisas.

INTRODUÇÃO

o fenômeno não pode ser entendido dentro de um círculo fechado, mas como algo em movimento.

> Podemos dizer que existe *convergência* entre ideias africanas e de outras religiões sobre concepção de Deus ou sobre conceito de reencarnação; que existe *paralelismo* nas relações entre orixás e santos católicos; que existe *mistura* na observação de certos rituais pelo povo do santo, com o batismo e a missa de sétimo dia; e que existe *separação* em rituais específicos de terreiros, como no tambor de choro ou axexê, no arrambam ou no lorogun, que são diferentes dos rituais das outras religiões. Nem todas essas dimensões ou sentidos de sincretismo estão sempre presentes, sendo necessário identificá-las em cada circunstância. (FERRETI, 2013, p. 100)

Ao descrever como os devotos do congado, do qual o candombe faz parte, recriam elementos adotados de outros modelos, Pereira (2005, p. 443) também lançou mão dessas variantes para caracterizar o sincretismo como fenômeno plural que "não se resolve como um fato pronto, já que enquanto evento está sempre sendo". Mais do que um produto, o sincretismo seria um processo por meio do qual os sistemas religiosos se inter-relacionam para se desdobrarem em "um sistema religioso original".

No campo das religiões afro-brasileiras e das manifestações populares, outro estudo que se ocupa do fenômeno na cidade de São Paulo é o de Rosangela Borges (2001), que focaliza a criação e os aspectos da Pastoral Afro da Igreja Nossa Senhora Achiropita, do bairro do Bixiga.[11] Ela descreve como, na década de 1980, o grupo formado dentro da Igreja Católica liderado pelo pároco negro Antônio Aparecido Silva, o Padre Toninho

---

11   A mobilização negra da sociedade civil no final da Campanha da Fraternidade, promovida pela Igreja Católica no final de 1988, que teve como tema "A fraternidade e o negro", resultou na formação de agentes de pastoral negros (APN). "Nesse contexto, em meio a essas recém-formadas articulações sociais, a ala 'progressista' da Igreja Católica se mostra participativa, nos passos da Teologia da Libertação, abrindo espaço para a articulação de grupos sociais emergentes das camadas populares, como é o caso da organização do grupo Pastoral Afro na Igreja Nossa Senhora Achiropita. [...] Ao se organizarem, seus primeiros integrantes foram buscar em algumas modalidades do Candomblé, sem, contudo, mergulharem em seu eró (segredo), valores culturais para as cerimônias com a presença de elementos da cultura afro-brasileira" (BORGES, 2001, pp. 157-93).

(1948-2009), utilizava determinados elementos provenientes das religiões afro-brasileiras — principalmente da Umbanda e do Candomblé — nas celebrações das missas e dos batismos afro.

Nessas celebrações, Borges observou o paralelismo no momento do ofertório, em que se apresentam, no altar, junto com o pão e o vinho, comidas usadas em festas e obrigações dos cultos afro-brasileiros. A presença do pai de santo no altar reforça a mistura. Ao final da missa, ele e o padre celebrante desempenham a mesma função quando percorrem a igreja aspergindo água de cheiro nos fiéis. "Muitas das músicas executadas na missa e no batismo foram colhidas em terreiros, principalmente de Umbanda" (BORGES, 2001, pp. 195-6).

O historiador inglês, Peter Burke indica que o conceito de sincretismo passa a ser ressignificado a partir dos estudos de religião no século XIX. O autor recorreu aos estudos de Herskovits sobre a religião afro-americana e a "identificação entre Santa Bárbara e o deus Xangô" (BURKE, 2003, p. 51). Burke, no entanto, ao discorrer sobre hibridismo ou hibridização, utiliza termos como encontro, contato, interação, troca, hibridização cultural, encontros culturais, síntese, mistura, interação cultural, mescla, hibridização múltipla, entre outros. Para ele, os conceitos nos ajudam a resolver problemas intelectuais, mas frequentemente criam problemas próprios.

> No caso do sincretismo, além da lógica da escolha, o que precisa ser investigado em especial é até que ponto os diferentes elementos são fundidos (como quem já usou um *mixer* de cozinha sabe, há graus de fusão). (BURKE, 2003, p. 55)

O sociólogo Pierre Sanchis, por exemplo, ao abordar o sincretismo, trabalhou com o conceito de "campo religioso brasileiro", caracterizando-o como um fenômeno plural que teria como características o seguinte:

> A existência de identidades múltiplas simultâneas ou sucessivas; pelo privilégio da mediação em todos os sentidos; pelo domínio da experiência e da expressão oral e gestual sobre o conjunto de leis articulado com rigor

e registrado na escrita; pela sustentação da "religião" a um cotidiano lúdico e só setorialmente regulado do ponto de vista ético. (SANCHIS, 1994, p. 46 apud PEREIRA, 2005, p. 443)

Fazendo uso do conceito de sincretismo religioso, Edmilson de Almeida Pereira (2004), no texto *Elos do Carnaval celebração*, fala diretamente da relação entre o sagrado e o profano no território das escolas de samba e explica o porquê de, em práticas sociais como as que se manifestam no Carnaval, ser preciso adotar uma perspectiva mais densa. Uma passista na passarela, por exemplo, dançaria mais para si que para o público, criando um movimento perfeito, como se estivesse em oração. Um músico, quando mancha de sangue o instrumento que toca, ou, ainda, quando, no início do desfile, um folião faz o sinal da cruz para cumprir sua missão de alegria e sacrifício.

Nesses momentos de intimidade em meio à multidão, o Sagrado atravessa com seus enigmas o coração das pessoas. E o Carnaval já não é somente espetáculo, mas rito, tempo e lugar de questionamento de nossas experiências e ponte entre diferentes realidades culturais. (PEREIRA, 2004, p. 47)

Mas, além desses paralelismos, quando olhamos para a rotina de uma escola de samba que insere práticas de Candomblé no ambiente do Carnaval, outras complexidades vão surgindo para que consigamos explicar essa relação. Uma delas é, sem dúvida, a falta de estudos sobre esse tema específico. Por isso, decidi adotar uma perspectiva interdisciplinar, primeiramente, acessando conteúdos que ajudaram a traçar uma rota dessa relação samba-religião; em seguida, identificando os sinais da religião afro-brasileira em manifestações culturais e vice-versa; e, por fim, construindo elos com as pesquisas já realizadas sobre os dois universos na tentativa de unir (ou reunir) a história do samba, das escolas de samba e das religiões afro-brasileiras, priorizando como localidade a cidade de São Paulo.

Outro autor que me ajudou nessa tarefa foi Edgard Morin (2000, p. 14), com suas teorias sobre complexidade. Ele afirma que, para se compreender um objeto específico, é preciso buscar as relações entre o todo e as partes, e que fatos complexos necessitam de abordagens complexas e interdisciplinares para serem explicados:

> Trata-se, ao mesmo tempo, de reconhecer a unidade dentro do diverso, o diverso dentro da unidade; de reconhecer, por exemplo, a unidade humana em meio às diversidades individuais e culturais, as diversidades individuais e culturais em meio à unidade humana. (MORIN, 2000, p. 21)

O historiador e africanista José Beniste (2010, p. 20) também aponta para a necessidade de se explorar novas fontes de conhecimentos e de se ir ao encontro delas para estudar as religiosidades de matrizes africanas. O autor criticou algumas abordagens sobre religiões e cultura afro-brasileiras, afirmando haver uma prática comum de se ajustar pesquisas a teorias preconcebidas. Essa atitude sustentaria uma tendência de se supor alguma coisa como verdade sem ter sido feita a investigação adequada, principalmente quanto aos temas que discorrem sobre afrorreligiosidade.

Com razão, foi preciso me aproximar ainda mais dos integrantes da comunidade da Vai-Vai, frequentar as reuniões na sede da escola, a casa de alguns sambistas e o terreiro do pai de santo, Francisco d'Oxum, para desconstruir o olhar habitual ou fragmentado que percebia o espaço da escola de samba apenas como lugar de festa. Somente assim foi possível entender como ali também se desenrola uma relação diferente e complexa com a religião do Candomblé.

Enfim, veremos que, nessa agremiação carnavalesca, há uma importante identificação com a religiosidade afro-brasileira, legitimada por algumas práticas rituais e por uma tradição inventada no espaço do Carnaval de São Paulo.[12]

Impossível desconsiderar o que ocorre em uma escola de samba que elegeu não apenas um, mas dois orixás como patronos (Exu e Ogum) e

---

12 Para Hobsbawn e Ranger, na obra *A invenção das tradições* (1984), "tradição inventada" significaria um conjunto de práticas normalmente reguladas por regras tácitas ou abertamente aceitas; tais práticas, de natureza ritual ou simbólica, visam a inculcar certos valores e normas de comportamento por meio da repetição. Sempre que possível, tenta-se estabelecer continuidade com um passado histórico apropriado.

ainda mantém um calendário religioso em devoção a São Jorge Guerreiro (Ogum), São Cosme e São Damião (Ibeji) e São Benedito, o santo dos homens pretos. Na sede da escola, também chamada de quadra de ensaios ou terreiro de samba, encontram-se altares que parecem ter saído dos terreiros de Umbanda, mas estão, ali, compondo o espaço físico que, por diversas vezes, é sacralizado e transformado em espaço metafísico.[13] No local, testemunhei festas (xirês) e rituais para os orixás e para Cosme e Damião, seguindo a tradição do Candomblé, com toques de atabaque, cantos e danças, na presença de seguidores e do pai de santo Francisco d'Oxum, juntando o "povo de terreiro" com o "povo do samba".

CAMINHOS PARA INVESTIGAR O CANDOMBLÉ DA VAI-VAI

O foco da pesquisa se voltou exclusivamente para os cultos aos orixás Exu e Ogum em um terreiro de samba, procurando entender como essas práticas são possíveis fora de um terreiro de Candomblé. O desafio consistiu em descrever essa relação sob a forma de uma confissão religiosa, na qual se alternam símbolos do Carnaval e das tradições de matrizes africanas.

As questões iniciais que a pesquisa pretendia responder estavam relacionadas aos seguintes contextos:

1. **Histórico** — De que forma expressões das religiões afro-brasileiras permaneceram em manifestações culturais até se instalarem em uma escola de samba como a Vai-Vai?
2. **Ancestralidade** — O que possibilitou a inserção de práticas do Candomblé na rotina da agremiação Carnavalesca, que já mantém seus ritos profanos?
3. **Ritualidade** — Como é mantido o calendário religioso e como são os cultos aos orixás Exu e Ogum no terreiro de samba?

---

13 Vilhena, 2015, passim.

É importante perceber como estas questões nos ajudaram a compreender a relação entre escola de samba e religiões afro-brasileiras, apontando para uma unidade que se manifesta apoiada na arte da memória negra,[14] na memória coletiva e na presença constante da ancestralidade. Por isso, levantei uma hipótese sobre a impossibilidade de apagamento das memórias ancestrais em manifestações culturais de matrizes africanas, porque estas expressões resistiram em um processo histórico-cultural adverso, elaborando diferentes formas de permanência.

> arrancados de suas terras e expropriados de suas benfeitorias, grupos populares afro-brasileiros rearticulam-se incontáveis vezes, transitando em memórias, linguagens, comunicações entre suas tradições e as tecnologias ocidentais. (ANTONACCI, 2015, p. 325)

Em *Os tambores estão frios* (2005, p. 21), Pereira propõe uma revisão da forma como o elemento africano foi inserido em nossa sociedade para que também compreendêssemos como a percepção de mundo das diversas etnias foi desprezada. Do período escravista à sociedade atual brasileira, as religiões e culturas afro-brasileiras seriam resultado da reelaboração de matrizes africanas, em situações histórico-sociais desiguais, para garantir a superação do elemento negro. O autor chama esta atitude de crítica à opressão social, ou seja, trata-se da resistência pelo Sagrado. Estudando o candombe afro-brasileiro, ritual que ocorre na região de Minas Gerais, ele demonstrou que essa resistência tem implicações no processo de construção das identidades afro-brasileiras.

De acordo com esta pesquisa, a religiosidade da Vai-Vai é uma das formas que a comunidade encontrou para resistir e proteger sua memória. A relação com o sagrado e a devoção aos orixás propicia o desenvolvimento de um sistema religioso que, assim como na "religiosidade popular", aponta para uma vivência religiosa não institucionalizada, diferentemente do significado pejorativo que é atribuído ao termo "popular". O mesmo ocorre quando debatemos o sincretismo religioso, que aqui é aplicado

---

14 Antonacci, 2015, passim.

para descrever uma articulação própria que envolve a ação de devotos a fim de dar sentido a seus valores.

Na Vai-Vai, a religiosidade reforça a identidade étnico-cultural da comunidade, constitui um elo com a tradição ancestral e uma forma de resistência política contra a estrutura racista e marca como se deram as negociações e os embates com as demais tradições culturais do bairro, oriundas de imigrantes italianos e migrantes nordestinos. Entre as negociações, estão as ações comunitárias e a parcerias com as atividades da Pastoral Afro e nas Missas Afro da Igreja Nossa Senhora Achiropita que, assim como a escola de samba Vai-Vai, é considerada patrimônio cultural do bairro da Bela Vista (Bixiga).[15]

A escola de samba garante que os traços das várias africanidades marquem a história do bairro de uma forma peculiar, assinalando a imponência do território negro do Bixiga. É neste momento que a pesquisa avança para mostrar o fenômeno que ocorre nessa escola de samba que optou por adotar práticas rituais e festas religiosas, desenvolvendo assim sistema religioso com regras sociais particulares que, de forma sincrética, negociam e dialogam com as religiões afro-brasileiras, em especial com o Candomblé. Nada fácil trabalhar com esses dados, que nem sempre estão acessíveis ou são perceptíveis, uma vez que na rotina do grupo não há separação entre a produção carnavalesca e a forma como ele resgata as vivências ancestrais. Algumas práticas e experiências parecem se confundir, e muitas vezes não se consegue afirmar de que lado se originou a dança, a música ou o batuque. Isto porque, certamente, ambas as manifestações pertencem à mesma matriz.

O professor e filósofo Eduardo Oliveira (2003, p. 12) chama essas similaridades de africanidades, ou seja, trata-se da dinâmica na qual tudo está interligado, mas, para compreendê-la, "é preciso, antes, enveredar pelas formas culturais negro-africanas, e identificar o contexto cultural que molda a transmissão de conhecimentos e a recriação de noções fundamentais de palavra, tempo, universo, pessoa e socialização".

Kabengele Munanga nos leva à mesma compreensão no artigo "O que é africanidade" (2007), usando o termo no singular, relacionando-o à in-

---

15   Borges, 2001.

dividualidade cultural da África. Segundo ele, muitos teóricos africanos preferem chamar de africanidade a fisionomia cultural comum às culturas e civilizações africanas. Um exemplo de similaridade cultural, que comprovaria a africanidade, pode ser observado nas estatuárias negras encontradas em todas as regiões da África Subsaariana com numerosos estilos.

> As formas de arte que se encontram nas diferentes regiões da África negra e entre diferentes etnias não só apresentam muitas vezes semelhanças de estilos como também possuem em comum certo número de características gerais que se sobrepõem às diferenças. (MUNANGA, 2007, p. 10)

Munanga diz que as semelhanças entre as formas artísticas e as crenças religiosas fazem com que muitas pessoas considerem que as práticas rituais da maioria das sociedades africanas têm as mesmas origens.

O que garante essa similaridade é a herança coletiva transmitida de geração em geração, ligando vivências do passado com o presente. Essa herança possibilita que a ancestralidade se manifeste. É o que estrutura a percepção de mundo presente na história dos africanos e de seus descendentes, sobretudo no que diz respeito às religiões (OLIVEIRA, 2014, p. 30).

A ancestralidade se tornou o princípio organizador das práticas sociais e rituais dos afrodescendentes no Brasil. É também um dos valores civilizatórios importantes para se analisar elementos presentes em manifestações de matrizes africanas — como beleza, ritmo, gênero, religiosidade, negociação, ginga, encantamento, organização, criatividade, combatividade, tradição, mito, rito, corpo, poética, contemporaneidade, entre outros. O entendimento sobre a dinâmica das africanidades só pode ser alcançado se considerarmos os diversos valores coletivos e individuais que movem a comunidade.

Para investigar como essas africanidades permanecem interligadas no universo das manifestações de matrizes africanas, é preciso, antes de tudo, se aproximar de quem produz essas experiências. Em *Os nagô e a morte* (2001, pp. 16-7), Juana Elbein dos Santos argumenta que só obteve sucesso em sua pesquisa porque possuía relações interpessoais com o grupo estudado, motivo pelo qual adotou, simultaneamente, duas perspectivas metodológicas: "desde fora" e "desde dentro". Seriam duas "lentes" usadas para analisar o campo estudado. Ela afirma que, sem a vivência na inter-relação com o grupo, ela não teria conseguido absorver parte dos valores individuais e coletivos ali presentes.

Diante disso, cabe-me refletir sobre meu papel enquanto pesquisadora negra, enfrentando questões tão próximas dos sujeitos pesquisados. As perspectivas "desde dentro" e "desde fora" trouxeram mais sentido e me deram mais confiança para enfrentar qualquer silêncio dos sambistas em relação ao culto de orixás na Vai-Vai. Foi usando a minha proximidade com muitas pessoas da escola de samba que obtive a permissão para olhá-la "desde dentro". Foi como pesquisadora que me reconheci parte daquela cultura, compartilhando a mesma percepção de mundo com quem faz daquele espaço uma forma de vida. Tive a oportunidade de compreender melhor alguns princípios organizadores dessa complexidade — incluindo a oralidade, a sociabilidade, a noção de tempo e espaço, a identidade e a ancestralidade — que pulsam através do samba.

A historiadora Edileuza Penha de Souza passou por uma experiência semelhante ao realizar a pesquisa *Tamborizar: história e afirmação da autoestima das crianças e adolescentes através dos tambores de Congo* (2005). A comunidade que Edileuza pesquisou foi exatamente o local em que a família materna dela viveu. Ela estabeleceu uma correspondência das perspectivas "desde dentro" e "desde fora" com a dimensão do "vivido-concebido", um conceito que também nos ajuda a edificar as informações coletadas e observadas na comunidade sob a perspectiva do próprio universo simbólico do pesquisador. Foi o mesmo que a antropóloga afro-americana Sheila Walker fez quando organizou seu notável livro *Conhecimento desde dentro: os afro-sul-americanos falam de seus povos e suas histórias* (2018).

Edileuza Souza e Sheila Walker me mostraram que, na construção da identidade étnica de pesquisadores e pesquisadoras negros e negras, as aprendizagens se ancoram nas afetividades dos sujeitos. Seja nas perspectivas "desde fora" e "desde dentro" ou nas do "vivido-concebido", assumindo minha condição de mulher negra, com minhas experiências tanto no samba, quanto na religião, adentrei um território negro para estabelecer uma nova relação com a comunidade da escola de samba, desta vez como pesquisadora, para incluir aquela vivência no campo da Ciência da Religião.

Os contatos para a pesquisa ocorreram em dias de festas do calendário da escola; em conversas com os membros da velha-guarda ou em visitas à casa do pai de santo, Francisco d'Oxum. Nessas ocasiões, foram colhidos depoimentos sobre as práticas religiosas na Vai-Vai. Aos poucos, o silêncio foi dando lugar à expressão das vozes negras, que revelaram uma nova dinâmica da vida social da organização.

Observada de fora, essa vivência religiosa, atrelada aos rituais, pode parecer alegórica ou soar como uma estratégia para conquistar o concurso de Carnaval. Contudo, a observação de dentro nos permite perceber que algo mais intenso motiva a aglutinação de pessoas naquele espaço, mantendo uma forma singular de integração do que é dito profano com o que se faz sagrado, pois se inclui a devoção aos orixás nessa rotina.

A pesquisa de campo possibilitou acessarmos memórias e histórias relacionadas às origens da tradição, que só poderiam ser contadas pelos componentes mais velhos, com idades entre 40 e 80 anos, e mais ativos da escola, motivo pelo qual o trabalho se concentrou nos depoimentos dos integrantes dessa faixa etária. Ainda assim, os sentimentos e as impressões sobre o futuro, bem como a relação com as crianças e jovens foram temas também investigados.

Concederam depoimentos os seguintes componentes da Vai-Vai: Pai Francisco d'Oxum (pai de santo), Sandra Maria (chefe da ala Kambinda), Thobias da Vai-Vai (presidente de honra e ex-puxador de samba-enredo), Fernando Penteado (diretor de harmonia e membro da velha-guarda), Pai Renato de Airá (pai de santo e componente), Dona Joana[16] (chefe da ala das baianas e mãe preta da Pastoral Afro da Igreja Nossa Senhora da Achiropita), Osvaldinho da Cuíca (músico, compositor, membro da velha-guarda e primeiro Cidadão Samba paulistano) e Paulo Valentim (jornalista, membro da velha-guarda).

---

16 Joana Aparecida Barros morreu no dia 26/7/2020, aos 63 anos, vítima de um câncer de intestino. Dona Joana desfilou na ala das Baianas da escola por 36 anos.

Em cada um deles, observamos o orgulho de relembrar fatos que constituem a história da escola de samba e que dão identidade ao grupo, em uma aproximação que demonstrou a elevação da autoestima quando se tratava de narrar a própria história de vida.

Assim, constatamos que as evocações da memória do indivíduo se situam em um quadro social que lhe serve de referência, de tal modo que na memória particular do entrevistado atuam também os segmentos de uma memória coletiva. Esse entrelaçamento possibilita a recuperação da memória individual paralelamente à recuperação da memória coletiva (PEREIRA, 2005, pp. 30-1).

A documentação fotográfica incluída registra meus encontros com o grupo, participações nas festas do calendário religioso da escola (Procissão de Ogum, Festa de São Benedito, Festa de São Cosme e São Damião), nos ensaios e no Carnaval 2017, quando pude desfilar com a Vai-Vai e pisar no Sambódromo do Anhembi, não como repórter, mas como integrante da ala de convidados. A decisão de desfilar se deveu ao fato de o enredo homenagear Mãe Menininha do Gantois (Maria Escolástica da Conceição Nazaré — 1894-1986), de Oxum, é a mais famosa mãe de santo (ialorixá) do Brasil. Na história da Vai-Vai, esse foi um dos poucos temas-enredo dedicados exclusivamente à religião do Candomblé.

Segundo o pai de santo da escola, Francisco d'Oxum, naquele ano, especialmente, os orixás Exu e Ogum entregaram a regência do terreiro de samba a Oxum, a divindade da mãe de santo homenageada, do Pai Francisco e minha mãe. Ora iê iê ô, Oxum![17] No desfile, se fizeram presentes em dimensões esculturais, nos carros alegóricos e nas alas, as representações de Exu, Ogum, Oxum e demais deuses do panteão africano. Os sambistas pareciam acreditar que os orixás se manifestavam em plena passarela.

· · ·

Este livro se divide em três capítulos. O primeiro, "Batuques e performances do corpo negro: onde resistiram o samba e o Candomblé", explora alguns acervos da cultura afro-brasileira para descrever como práticas rituais dos

---

17   Saudação à Orixá Oxum que, no Candomblé nagô significa "Mãe da doçura, Oxum!".

negros escravizados romperam perseguições e opressões e se mantiveram em manifestações da cultura popular de matriz africana. Nele, aponto como diversas formas de manifestações negro-africanas, como os batuques, foram se desenvolvendo em diferentes regiões do país, indicando características herdadas de etnias de diferentes troncos linguísticos (banto e iorubá). Também mostro o samba, a roda de samba e as escolas de samba como manifestações que, das reuniões religiosas, ganharam as ruas e se espalharam em expressões culturais sincréticas. Ademais, incluí um breve histórico sobre Macumba, Umbanda e Candomblé em terras paulistas.

No Capítulo 2, "Vai-Vai, um território negro", abordo o território negro do Bixiga, bairro da região central de São Paulo onde está localizada a quadra de ensaios, ou terreiro de samba, do Grêmio Recreativo Escola de Samba Vai-Vai. Investigo como a origem da agremiação carnavalesca se insere no contexto sócio-político-cultural da cidade: a relação da comunidade negra e do samba com os imigrantes italianos, com as festas religiosas, com os cortiços e rodas de samba. Por fim, descrevo como alguns ritos profanos da escola se alternam com as práticas dos cultos afro-brasileiros, quando transformam o terreiro de samba em um espaço de culto.

O último capítulo, "Exu e Ogum no terreiro de samba", volta-se para as práticas de Candomblé realizadas na escola para entender como o terreiro de samba é concebido pela comunidade como um "terreiro sagrado" para o culto aos orixás patronos.

Assim, com os caminhos abertos, saímos da breve apresentação sobre a estrutura acadêmica da pesquisa que originou este livro e trilhamos o percurso rumo ao terreiro de samba que é, ao mesmo tempo, o terreiro sagrado do Exu e do Ogum da Vai-Vai.

1

BATUQUES E PERFORMANCES DO CORPO NEGRO

ONDE RESISTIRAM O SAMBA E O CANDOMBLÉ

Neste capítulo, trazemos algumas narrativas sobre como as tradições afrorreligiosas encontraram lugar nas manifestações da cultura nacional, localizando sinais do constante diálogo que mantiveram na constituição dos valores individuais e coletivos que, de certa forma, marcaram a identidade étnico-cultural do negro no Brasil.

Em *Memórias ancoradas em corpos negros* (2015), Maria Antonieta Antonacci apresenta, em perspectivas histórica e sociológica, o desafio que os estudiosos enfrentam para demonstrarem como as heranças africanas conseguiram superar a experiência escravista e se mantiveram no tecido cultural brasileiro. Antonacci revela significados da tradição oral africana contidos no imaginário coletivo de descendentes africanos desde o tráfico negreiro. Ela mostra a constituição dos africanismos (africanidade ou africanidades), que se desenvolveram nas formas oral, literária e em danças e movimentos do corpo negro, influenciando o fazer e o jeito de ser de nossa sociedade.

No tocante às vivências e práticas rituais e festivas, certas narrativas históricas descrevem, de forma recorrente, repressões e desprezo pelas manifestações de negros, por se apresentarem "inacessíveis à compreensão da racionalidade ocidental". Em cena pública, tais performances constantemente causavam insegurança, evidenciando "que a festa negra confundiu os responsáveis pelo controle" (REIS, 2002 apud ANTONACCI, 2015, p. 101).

Luís da Câmara Cascudo,[1] pioneiro no estudo sobre culturas populares no Nordeste, descreveu festas e celebrações em que a presença dos negros de origem banto — que se manifestavam por meio de autos dramáticos, encenações de lutas, festas e convívios com divindades e antepassados — era temida por "pressagiar atos de rebeldia, sinalizando como africanos roeram o sistema colonial, reinventando africanidades":

> Desde gingado, bailado, cadência de andadura, sacolejante, desafiante, Cascudo evidencia andares africanos que perduram em corpos nordestinos, visíveis na permanência folclórica e "euforismo lúdico" de inúmeras práticas culturais africanas aqui refeitas: os angolas, congos, cabindas, adensaram-se nessa região, visíveis na permanência folclórica, contos, bailados, vocabulário, euforismo lúdico, sereno bom humor, manifestações festivas preferencialmente públicas, cordões, ranchos, embaixadas, jogo de capoeira (CASCUDO, 2001 apud ANTONACCI, 2015, pp. 97-8).

Ali, no centro de tudo, estava o som, o estardalhaço, o barulho e o ruído do tambor. Fundamental nas manifestações festivas e em práticas rituais, era do som dos instrumentos que pareciam sair vozes negras, desafiando a dominação e o silenciamento. A respeito dos tambores em festas negras, Antonacci cita o estudo do etnomusicólogo Paulo Dias, que associa a força vital dos três reinos da natureza ao instrumento: a do animal, que dá o couro; a do vegetal, que fornece a madeira; e a dos minerais metálicos, que fixam tudo no lugar, formando um ser de energia plena.

Corpos negros escravizados e recém-libertos (pós-abolição) desenvolveram hábitos sociais, sincretismos de culto, manifestações artísticas e um rico patrimônio musical.

---

[1] "Luís da Câmara Cascudo, intelectual pioneiro em estudos sobre culturas populares no Brasil do século XX, pesquisando hábitos e costumes do povo banto em Áfricas dos anos 1960, ao acompanhar rotas comerciais do Índico ao Atlântico, surpreendeu intercâmbios além da colonialidade europeia". (ANTONACCI, 2015, p. 185)

Kazadi wa Mukuna (1978), em seu estudo sobre a contribuição africana na música brasileira, afirma que dois grandes grupos, ou famílias, transplantados para o Novo Mundo, emprestaram práticas culturais diversas a partir de seu local de origem: os sudaneses ou iorubás (Senegal, Guiné, Gana, Nigéria, Benim etc.) e os bantos (sul do Gabão, sul de Angola, Moçambique etc.). Mukuna afirma que elementos musicais banto, oriundos da região Zaire-Angola, seriam detectáveis na música popular brasileira por meio de padrões rítmicos e diversos instrumentos musicais. Entre os instrumentos musicais que permanecem na nossa música estaria o agogô, usado nas escolas de samba e em terreiros de Candomblé, herança dos ashantis de Gana (Mukuna, 1978, p. 10); o caxixi, usado no conjunto de capoeira; a marimba, encontrada em São Paulo; o berimbau, na Bahia; e, ainda, a cuíca, que é encontrada na África em uma área mais restrita e com funções diferentes das usadas no Brasil, geralmente nas escolas de samba.

Os batuques e seus tambores ganharam diferentes interpretações e foram se instalando por diversas regiões do país. Como uma representação da presença ancestral, o tambor, o atabaque, o surdo e suas variações garantem as africanidades e as similaridades que ligam as religiosidades e as expressões culturais de matrizes africanas. Assim, as africanidades atestam várias formas de resistir e mantêm vivas as características herdadas de diversas etnias espalhadas pelo Brasil, conforme veremos adiante.

1.1 PERSEGUIÇÃO PROFANA ÀS RAÍZES SAGRADAS DO SAMBA

Apesar de possuir significados múltiplos, vamos considerar pelo menos duas definições diferentes para a palavra "samba" (LOPES, 2012); uma remete à expressão musical e outra ao sentido religioso. Na primeira acepção, a palavra "samba" significaria "o nome genérico de várias danças populares no Brasil", com diferentes modalidades de coreografia, ritmo e canto, relacionadas à origem afro-étnica. Enquanto gênero musical, seria uma espécie de espinha dorsal da música popular brasileira. Teríamos, ainda, a palavra "samba" inserida na linguagem usada nos terreiros de Umbanda e Candomblé Angola:

> Samba, em antigos terreiros bantos, era o nome dado às sacerdotisas com as mesmas funções da equédi[2] dos terreiros nagôs; em terreiros bantos atuais, são filhas de santo, iaôs; e, em alguns terreiros de Umbanda, auxiliares da mãe de santo ou da mãe-pequena. (LOPES, 2012, p. 226)

No Brasil, percorrendo o histórico sobre o surgimento do gênero musical, vamos encontrar, nos estudos de Câmara Cascudo, descrições sobre tensões com a prática de um som dançante chamado lundu que chegou ao país nas primeiras décadas do século XVI, junto com negros bantos da África Central, depois de uma passagem por Portugal.

Essas manifestações de negros escravizados, além de demonizadas, foram perseguidas pelas autoridades policiais, que reprimiam os ruidosos encontros dançantes. Em 1715, na Bahia, padres se queixavam da proliferação dos lundus:

> a feitiçaria e o folguedo dos escravos, ao que eles chamam lundus ou calundus, são escandalosos e supersticiosos, não era fácil evitá-los, uma vez que muitos brancos podem ser encontrados neles. (SWEET, 2007, p. 173 apud ANTONACCI, 2015, p. 232)

Aquela dança foi tão perseguida que, por volta de 1880, ela foi apropriada e tornou-se apenas o nome a um tipo de canção que teria vitalizado o fado português entre nós. Só assim, reduzida, foi aceita pelas elites que pensaram ter "civilizado" o costume africano. Nada adiantou, pois os devotos do lundu encontraram outras formas de manter suas tradições e seguiram elaborando várias expressões que resultaram na umbigada, no samba-de-roda baiano, no samba-de-terreiro e no jongo (ANTONACCI, 2015, p. 228), até surgir as diversas variantes do samba.

O lundu também foi objeto de estudo de Laura de Mello e Souza (2002, p. 3; pp. 20-2), que investigou práticas do calundu em Minas Gerais, rituais

---

2   "Equédi vem do termo iorubá (yorubá) *èkéjì* — 1. Cargo feminino conferido no Candomblé àquelas que não incorporam. Este cargo é conferido pelo *orisá* em transe no sacerdote(isa), ou em outro membro do terreiro que possua posição hierárquica de importância no ilê. V. *iyároba*; *dogan*; *ajoiyé*; 2. S.num.ord = segundo (a). V. *dogan*; *ajoiyé*; *iyároba*" (JAGUN, 2017, p. 548).

associados à feitiçaria, mas que, segundo a autora, guardavam semelhanças com o início do lundu, envolvendo danças, batuques e ajuntamentos.

Laura de Mello e Souza destacou as semelhanças encontradas em expressões festivas e percussivas que se situam no mesmo campo de práticas banto: calundu, lundu, calundu-angola, Umbanda e macumba. É possível, também, observar similaridades nos corpos em danças, nos cânticos, nos ritmos e nos artefatos sonoros quando observamos a ligação que mantêm com as práticas religiosas e chegam ao êxtase nos encontros com as divindades e os espíritos antepassados.

No Rio de Janeiro, as festas negras ganharam espaço à sombra das festas religiosas. Em *O livro de ouro do Carnaval brasileiro* (2004), Felipe Ferreira destaca a relação que os negros escravizados mantinham com as confrarias e as irmandades desde Portugal. Esse contato teria dado origem, no Brasil, às irmandades de Nossa Senhora do Rosário, resultando nas primeiras formas de associação social e política desses grupos. Essas associações ajudaram a reestabelecer os valores culturais destruídos pela escravidão em lugares distantes da terra natal e do meio familiar.

Chamar alguém de pai, mãe, irmão, irmã ou tia tornou-se um indicativo dessa nova forma de relação. O novo sentido de parentesco era desenvolvido em grupos como irmandades, candomblés, batuques, cucumbis e também em grupos carnavalescos, unindo festa e religião.

A dança dos congos, conhecida como congada, ticumbi ou cucumbi, era uma espécie de unificação de todas as tradições artísticas negras, misturando influências africanas e brasileiras em um processo de assimilação dos costumes presentes nos autos religiosos integrando santos católicos e Virgem (FERREIRA, 2004, p. 191).

Nas irmandades, além de Nossa Senhora do Rosário, cultuavam-se outros santos negros, como Santo Elesbão, Santa Ifigênia e São Benedito [de Palermo], sendo permitido celebrar suas festas nas praças públicas, com procissões, missas, cortejos, folguedos e danças. Nas ruas, imperavam os batuques em diversos tambores. Entre 1808 e 1850, nas ruas do Rio de Janeiro, havia poucas oportunidades para que os grupos negros pudessem sair com seus congos fora das comemorações religiosas, uma das exceções era o período das festas carnavalescas.

Existem relatos de desfiles de congos, nos dias de Carnaval, no Recife e no Rio de Janeiro, desde o século XVIII. No entanto, os congos, maracatus e cucumbis só passaram a se organizar na forma de sociedades carnavalescas, no século XIX, quando foram incluídos definitivamente na folia brasileira.

No Vale do Paraíba, foi o jongo que conseguiu se estabelecer como uma forma de comunicação e resistência entre diferentes grupos de escravizados, que faziam uso dele como linguagem metafórica desconhecida dos senhores de escravos. O jongo, com sua formação rítmica impulsionada por um par de tambores — o caxambu (ou tambú) e o candongueiro, por vezes acompanhado de outro tambor, o chamador —, tinha, no complemento sonoro, uma puíta (cuíca) que fazia o ronco ritmado. É comum que os jongueiros se referirem ao jongo como o "pai do samba".

Durante o século XIX e início do XX, a perseguição imposta pela sociedade e pela imprensa não distinguia, por exemplo, samba, batuque, Candomblé, quilombo e capoeira, designando-os todos como "vadiação, sinônimo de contravenção" (FREITAS, 2015, p. 193).

Sobre a relação do samba com a capoeira, citamos o trabalho da pesquisadora Joseania Miranda Freitas organizadora do livro *Uma coleção biográfica: os mestres Pastinha, Bimba e Cobrinha Verde no museu afro-brasileiro da UFBA*. Ela aborda o compartilhamento de cantigas, instrumentos e toques entre a capoeira, o samba-de-roda e as religiões afro-brasileiras, "principalmente o Candomblé de Caboclo, traçando alguns paralelos, em especial com o universo da capoeira angola dos nossos dias" (2015, p. 191). Um exemplo foi Nelito, discípulo de capoeira do mestre Cobrinha Verde, que, na década de 1960, em Salvador, tocava em festas de Candomblé e se tornou mestre de bateria de blocos e escolas de samba e, posteriormente, mestre de samba-chula e samba-de-roda do grupo Os Vendavais.

> Nelito contou que sempre era chamado para tocar nas festas religiosas e conhece bem o repertório dos caboclos e de Cosme e Damião, por vezes também cantado no samba e na capoeira. (FREITAS, 2015, p. 191)

No entanto, foi do Rio de Janeiro que saiu o modelo de participação e protagonismo dos negros em festas carnavalescas brasileiras. A Folia de Momo, nascida em meio às comemorações religiosas do período colonial, com destaque para as procissões, teve a expressão de fé como motivo principal. Santos católicos eram representados por confrarias e irmandades que saíam às ruas, venerando um patrono ou padroeiro, representando determinado grupo social, étnico ou de vizinhança. Grupos de negros e escravizados contavam com irmandades próprias, como as de Nossa Senhora do Rosário, São Benedito e Santa Ifigênia, que desfilavam em cortejos, promovendo espetáculos que eram disputados por populares. Os cortejos passavam e encantavam os espectadores com suas vestes em tecidos brocados e os efeitos causados pelos andores e estandartes.

Até a fundação das primeiras escolas de samba, no Rio de Janeiro, na década de 1930, outras categorias marcaram as brincadeiras populares em solo carioca, como: entrudo, zé-pereira, ranchos, cordões, blocos, corsos e as grandes e pequenas sociedades (MORAES, 1987, p. 267).

Em todas as formas de brincar em folguedos, participar de festas religiosas e ganhar as ruas, os negros carregavam a relação com santos e orixás, um elo entre samba e religião que nunca foi desfeito.

1.2 SAMBA PARA UM LADO E MACUMBA PARA O OUTRO?

Alguns estudos sobre os ritmos brasileiros da década de 1930 insistiam em identificar diferenças entre o samba, o batuque, a macumba e a capoeira, no sentido de fragmentar as manifestações e dar a cada uma o seu lugar. Na edição de *O Jornal* de 19 de janeiro de 1928 (apud FERREIRA, 2004, p. 336), Nóbrega Cunha escreveu um artigo afirmando que "o samba seria definido como uma expressão artística, puramente coreográfica, dança, canto e música", com diferenças para o batuque, "cuja orquestra não teria instrumentos de sopro ou corda, mas somente os mesmos instrumentos de percussão que o samba".

A roda de batuque, típica dos morros e "pátios de certas casas de cômodos", ocuparia menos espaço que a do samba em razão dela ser "campo de evoluções perigosas", pois, segundo o texto, o batuque seria "um exercício para

> a aprendizagem esportiva da capoeira". Por essa razão, muitos dos passos, ou letras, do batuque haviam sido proibidos. [...] durante o Carnaval, o batuque provoca uma grande reunião de capoeiras na cabeceira do Canal do Mangue, formando-se ali a famosa roda da balança. (FERREIRA, 2004, p. 336)

É na folia do Rio de Janeiro —berço das primeiras formas de o negro brincar o Carnaval, inspirado nas participações, por vezes obrigatórias, nas festas da elite — que se origina o nome "escola de samba". A elite pertencia ao Grande Carnaval, das abastadas sociedades e ranchos; e os populares, maioria de negros, com batuques, badernas e entrudos, pertenciam ao Pequeno Carnaval, que a partir de 1932 passou a ser reconhecido como Carnaval brasileiro (FERREIRA, 2004, p. 344).

A origem do nome "escola de samba" poderia remeter às rodas-escolas, onde se praticavam golpes de capoeira. Outras versões, no entanto, são contadas pelos sambistas. A primeira seria do lendário Ismael Silva, que dizia ter sido ele próprio o inventor do nome e do tipo de manifestação negra. Em 12 de agosto de 1928, ele teria reunido amigos para a organização de uma agremiação — a Deixa Falar — com a intenção de que, assim como os ranchos, ela fosse aceita pela sociedade. Ao lembrar-se de uma escola normal próxima ao local da reunião, teria sugerido o nome "escola de samba". A outra versão, contada pelo compositor e cronista Almirante, sustenta que a expressão teria surgido a partir da popularização do tiro-de-guerra, em 1916, que tinha como grito "Escola, sentido!", expressão imediatamente incorporada pelos sambistas (FERREIRA, 2004, p. 339).

No entanto, o termo "escola", bem como outros ligados ao ensino, já havia sido associado a algumas agremiações carnavalescas desde as primeiras décadas do século XX. Em 1917, o grupo Ameno Resedá era conhecido como "rancho-escola"; e, em 1921, o Recreio das Flores se denominava um "rancho-universidade".

> A ideia de se associar as palavras escola e samba surgira a partir da necessidade de aceitação que os chamados grupos de samba de morro passaram a ter a partir de finais da década de 1920, buscando uma denominação própria que facilitasse sua identificação e sua incorporação à sociedade.

> O crescente interesse da imprensa pela disputa entre grupos do Carnaval popular ajudaria a fixar esse curioso nome. (FERREIRA, 2004, p. 339)

Mas entre as dificuldades para a aceitação dessas manifestações estava a ligação que quase todas mantinham com os terreiros de macumba. Nos anos 1920, as primeiras observações davam conta de que, no Rio de Janeiro, samba e religião, ou festa e fé, andavam de mãos dadas. Um levantamento sobre esse período consta do *Dossiê das matrizes do samba no Rio de Janeiro: partido-alto, samba-de-terreiro, samba-enredo*, realizado por iniciativa do Centro Cultural Cartola, que resultou no reconhecimento dessas vertentes do samba carioca como patrimônio cultural imaterial por parte do Iphan (Instituto do Patrimônio Histórico e Artístico Nacional). O documento traz um curioso depoimento publicado na biografia de Agenor de Oliveira, o famoso Cartola:

> Agora eram os descendentes de escravos, reunidos nas chamadas escolas de samba, para os quais a palavra ainda continua designando a dança de roda de umbigada, de ritmo muito semelhante ao das cerimônias religiosas, das macumbas. Samba para eles constituía um ritmo, uma coreografia, um gênero, enfim, muito próximo ao dos pontos de evocação dos orixás afro-brasileiros. Os sambistas primeiros, na sua esmagadora maioria, eram também pais ou mães de santo famosos e temidos: Elói Antero Dias, José Espinguela, Alfredo Costa, Tia Fé, Seu Júlio, Juvenal Lopes e Dona Ester de Osvaldo Cruz. Os terreiros de samba eram também terreiros de macumba. Cartola, que foi cambono de rua do terreiro de seu Júlio, dizia: "Naquela época samba e macumba era tudo a mesma coisa". (SILVA; OLIVEIRA FILHO, 1998, p. 82 apud CENTRO CULTURAL CARTOLA, 2007, p. 65).

Algumas lideranças religiosas foram fundamentais para a formação de diversas escolas de samba. Boa parte delas marcaram seus primeiros passos dentro de terreiros de Candomblé, conforme depoimento concedido pelo jornalista e sambista Rubem Confete:[3]

---

3   Conhecido compositor carioca, jornalista, roteirista, teatrólogo, radialista, gráfico e cantor. Ativista e estudioso das questões afro-brasileiras. (INSTITUTO CULTURAL CRAVO ALBIN)

É um fenômeno que tem uma explicação na energia que vem das casas de Omolocô, da tradição religiosa de base africana, que juntou o culto às almas, da gira de preto-velho e de caboclo, e vai até o culto aos orixás. Foi lá que nasceu a Portela, da energia de Seu Napoleão Nascimento, que era o pai do Natal. No Estácio, foi da energia de Tancredo da Silva, grande pai de santo de Omolocô. Na Mangueira, Dona Maria da Fé foi estimulada por Elói Antero Dias para que criassem uma escola de samba. Antes de fundar o Império Serrano, sr. Elói fundou o Deixa Malhar, no Baixo Tijuca, onde é hoje a rua Almirante Candido Brasil. O Elói Antero Dias, que assessorava Getúlio Vargas com alguns outros pais de santo, foi incentivado por Getúlio a criar uma escola de samba para competir com Paulo da Portela, que tinha entrado para o partido comunista, querendo provar que o samba era um gênero musical de sociabilidade. Quem me contou essa história foi o João Saldanha, quando perguntado por que ele era portelense. O Império Serrano foi uma escola sindicalista. O Salgueiro também contou com a liderança do Calça Larga e dos pais de santo para a criação da escola. (CENTRO CULTURAL CARTOLA, 2007, p. 66)

Na cena carioca, as "tias", geralmente mães de santo, passaram a integrar as alas das baianas das escolas, tornando fundamental a presença da mulher negra na origem das agremiações carnavalescas. Rita Amaral e Vagner Gonçalves da Silva descrevem como as relações de convivência uniram sambistas e as mães de santo, tanto no Rio de Janeiro como em São Paulo.

Exemplos muito conhecidos desta convivência são, entre outros, o de Tia Ciata, em cuja casa de santo no Rio de Janeiro se reuniam os principais sambistas na virada do século XX (MOURA, 1983), o de Madrinha Eunice, fundadora nos anos de 1930 da mais antiga escola de samba paulistana, a Lavapés (SILVA et al., 2004), e o de vários blocos carnavalescos, como o Cacique de Ramos, fundado por frequentadores de terreiros cariocas de Umbanda nos anos 1960, e cujo nome alude aos caboclos, entidades muito respeitadas nessa religião (PEREIRA, 2003). Também a ala das baianas faz referência à importância das mães de santo vindas da Bahia e que se fixaram no Rio de Janeiro no final do século XIX. (AMARAL; SILVA, 2006, p. 107)

As reuniões nas casas das tias baianas — festeiras e mães de santo — marcaram a história de resistência do samba e a formação das primeiras escolas ligadas à chegada dos cultos aos orixás ao Rio de Janeiro. Mulheres que acolhiam conterrâneos que chegavam à capital em busca de melhores condições de vida. Homens e mulheres que se aglutinavam nos casarões da região da Praça Onze, onde se promoviam reuniões nas quais o samba, a comida e os batuques de Candomblé duravam, muitas vezes, uma semana. Essa região ficou conhecida como Pequena África,[4] lugar onde reinou a matriarca do samba, Tia Ciata.

1.2.1 Tia Ciata, candomblés, macumbas e escolas de samba

Quem ficou famosa na Pequena África, eternizando-se como a mãe do samba, foi Hilária Batista de Almeida (1854-1924), a Tia Ciata de Oxum. Teria nascido na cidade de Santo Amaro da Purificação (Recôncavo da Bahia), em 1854, mas ainda há muitas lacunas na vida desta mulher negra cuja biografia ainda se mantém incompleta na história do samba. Participante da chamada "diáspora afro-baiana", ela teria chegado ao Rio de Janeiro em meados de 1870. Conhecida pela sabedoria na arte de preparar quitutes, promover festas e cuidar dos orixás, teve atitudes fundamentais para o estabelecimento da relação samba, Carnaval e cultos afro-brasileiros. Apesar de ter uma história desprezada pela literatura do samba, uma vez que não se encontram informações precisas sobre sua vida, a oralidade fez dela uma espécie de heroína. Ciata também teria estabelecido relações com o poder público, afastando de seu território as perseguições aos negros, aos sambistas e ao "povo do santo", atitude que facilitou por um tempo o trânsito entre as religiões negras e as festas católicas.

Para a história do samba, a verdadeira biografia[5] de Tia Ciata ainda merece ser escrita. A força das lembranças e das poucas linhas traçadas

---

4   A origem do nome dado à região da cidade do Rio de Janeiro que ficou conhecida como "Pequena África" é abordada por Moura (1983) no capítulo "A Pequena África e o reduto da Tia Ciata".

5   Tenho pesquisado a vida e a trajetória de Tia Ciata desde 2008; discuto sobre uma verdadeira biografia que reflita a importância que esta mulher negra teve para a história do samba e da sua sub-representação na literatura do samba no Brasil.

sobre a trajetória dessa mulher, do samba e do axé (*àṣẹ*),[6] ainda é acolhida sem que ao menos se saiba algo sobre sua infância, vivida em período escravista, ou sobre sua passagem por Salvador, onde provavelmente foi iniciada na religião dos orixás e de onde partiu para viver no Rio de Janeiro. Informações desencontradas de uma grande personagem, mulher e negra do samba, cujo rosto também é um mistério.

Diz-se que um orixá de Ciata teria curado uma ferida na perna de Wenceslau Brás, então presidente da República (1868-1966), mudando assim a relação do governo com o samba e os candomblés, pelo menos no que diz respeito ao seu casarão, que era frequentado por músicos, jornalistas, intelectuais e jovens da elite. De acordo com Roberto Moura (1983, p. 65), no Rio de Janeiro, ela teria sido acolhida pelo famoso pai de santo João Alabá, depois de ter sido iniciada na Bahia pelo sacerdote africano Quimbambochê, o Bambochê, que se tornou lendário por ter ajudado a fundar os primeiros candomblés na cidade de Salvador. Bambochê chegou a ir para o Rio de Janeiro, mas retornou à Bahia e, depois, voltou para a África.

> Bambochê, que iniciara Ciata no santo ainda na Bahia, era pai[7] de Aninha, Eugênia Ana Santos (1869-1938), que lideraria uma dissidência no Ilê Axé Iyánassô, quando da sucessão de Mãe Sussu (Maria Julia Figueiredo), na segunda década do século, fundando o Ilê Axé Opó Afonjá em São Gonçalo, que teria mais tarde um terreiro ligado no Rio de Janeiro. Aninha, que chegaria aos quarenta anos de feita e a mais de vinte de ialorixá. [...] esse terreiro seria muitas vezes visitado por João Alabá na Bahia, o que torna

6   Segundo o *Dicionário yorubá-português*, de José Beniste (Bertrand Brasil, 2019), o termo "àṣẹ" quer dizer "força, poder, o elemento que estrutura uma sociedade, lei, ordem". [NE]

7   O autor se refere a um parentesco espiritual com Bambochê (Bamboshé ou Bamboxê), assim como usado nos terreiros, para a família de santo de Mãe Aninha, a ialorixá Eugênia Ana dos Santos (1869-1938). Conforme aborda Vivaldo da Costa Lima em seu artigo "O Candomblé da Bahia na década de 1930": "Iniciada, muito cedo, Aninha, depois dos estágios rituais e pela sua já reconhecida capacidade de liderança, e ainda com o apoio de velhos *tios e tias* a quem se ligara, começou sua vida de sacerdotisa, de ialorixá. Com pouco mais de trinta anos, já iniciava, com a ajuda de Bamboxê, seu babalaô, sua primeira filha de santo, no Engenho Velho. [...] Utilizo aqui as informações que me foram confiadas pela ialorixá Senhora, Maria Bibiana do Espírito Santo, filha de santo de Aninha e bisneta de sangue de Marcelina Obatossi: 'Depois da morte de minha vó Marcelina é que minha mãe fez santo no Engenho Velho. Fez Afonjá, com minha tia Teófila, Bamboxê e Joaquim'" (LIMA, 2004, p. 1).

> legítimo imaginar Tia Ciata ligada com o tronco mais tradicional do Candomblé nagô baiano. (MOURA, 1983, p. 65)

Ciata tinha ascensão sobre a preparação e os desfiles carnavalescos, e também sobre as famosas festas de Nossa Senhora da Penha. Comerciante e empreendedora, ela iniciou a tradição das baianas quituteiras — tipicamente vestidas com tabuleiros montados nas ruas —, ressignificando uma função exercida pelas mulheres comerciantes na África. Ela vendia roupas para rituais e para pessoas do teatro, empregando outras mulheres para ajudar na produção das roupas e dos concorridos doces. Nas ruas, era sempre vista com seu tabuleiro, vestida com saia rodada, pano da costa, turbante e enfeitada com fios de contas e pulseiras. Em uma das rodas promovidas em sua casa, teria sido composto "Pelo Telefone", o primeiro samba gravado em disco, que alcançou sucesso no Brasil e que, embora tenha sido registrado pelo sambista Donga e pelo jornalista Mauro de Almeida, teve sua autoria disputada por outros sambistas, inclusive a própria Ciata.

Para Roberto Moura, Tia Ciata foi uma líder que fortaleceu a religião, ao driblar a atenção da polícia que, na época, investia contra as reuniões dos negros; tanto o samba quanto o Candomblé foram objetos de contínua perseguição, vistos como coisas perigosas e como marcas primitivas.

No Carnaval, Tia Ciata foi eternizada na figura da baiana, na ala das baianas, presente até hoje nas escolas de samba de todo o país, representando a mais famosa "mãe do samba" (URBANO, 2012, p. 85). No Capítulo 2, iremos descrever a importância da ala das baianas nos ritos particulares das escolas de samba.

1.3   DOS TERREIROS PARA AS ESCOLAS DE SAMBA

Em outras partes do Brasil, também tivemos o envolvimento entre lideranças religiosas e escolas de samba, provando que o terreiro pode estabelecer relações com outras expressões culturais, em um diálogo de mútua influência, assim como mostram os pesquisadores Rita Amaral e Vagner Gonçalves da Silva (2006, p. 107):

> Em Porto Alegre, a Escola de Samba Bambas da Orgia é dirigida por uma mãe de santo, Rose de Oxum, e os principais cargos da diretoria são ocupados por membros do batuque. Também nesta cidade, a Escola de Samba Império da Zona Norte possui um altar de Iemanjá ao lado do portão principal de sua quadra de ensaios. Em Recife, a Escola de Samba do Zé, fundada por Pai Edu, tem sede no próprio terreiro deste pai de santo. O nome da escola é uma homenagem à entidade "Zé Pilintra", incorporada em transe por pai Edu. Nos meses que antecedem o Carnaval, as dependências deste terreiro são usadas para a confecção, pelas filhas de santo, de fantasias e adereços da escola de samba. (AMARAL; SILVA, 2006, p. 107)

Ao analisar o universo de relações do chamado "povo do santo" — os frequentadores do Candomblé e da Umbanda — para além dos muros do terreiro, Rita Amaral constatou que eles compartilham seu *ethos* com o povo do samba, porque um espelha o universo do outro.[8]

> Esse diálogo entre o Candomblé e as escolas de samba deixa marcas nos dois lados. As cores das escolas, por exemplo, geralmente são escolhidas em homenagem a algum orixá, geralmente da casa de Candomblé relacionada mais intimamente com a fundação da escola. As baterias das escolas tocam sempre em homenagem a um orixá considerado "patrono". (AMARAL, 2002, p. 96)

Dentre as baterias, no Rio de Janeiro, que prestam reverência aos orixás estariam a Mangueira, que toca para Oxóssi, e a Portela, que toca para o orixá Ogum.

Rita Amaral viu, nesses universos de valores tão próximos, elementos que definiam suas semelhanças, ao mesmo tempo que os distanciavam. Mesmo assim, ela observou que, apesar de a vivência no Candomblé gerar "um gosto que se manifesta em várias esferas", como canto, dança, vestimentas, comidas, não chega a se confundir com a esfera religiosa. Para a autora, mesmo que esses "gostos" do Candomblé extrapolem os muros do

---

8 *Ethos* é um conjunto de aspectos que distinguem povos, grupos e comunidades. O termo é também utilizado para se referir a um conjunto de valores de uma obra de arte ou de um movimento cultural.

terreiro e adentrem outras esferas do cotidiano dos seguidores, dificilmente perderão a marca religiosa:

> como religião, deve manter sua identidade, que se expressa principalmente no que se chama de o "segredo", o "fundamento", que, em outras palavras, significa aquilo que não se partilha, a não ser com os do terreiro. Aquilo que realmente marca a identidade da religião. (AMARAL, 2002, p. 96)

Mas, no Rio de Janeiro, não faltam modelos de como samba e religião sempre andaram de mãos dadas. Sérgio Cabral (1996, p. 27) mostrou como na capital carioca a religião se constituiu como o principal caminho para o desenvolvimento do samba e para o surgimento das primeiras escolas. Houve um período difícil de preconceito, repressão e perseguições contra as manifestações culturais (samba) e religiosas (macumbas) dos negros no pós-abolição. Essa perseguição só foi amenizada por interesses de alguns políticos que, movidos pela troca de votos ou pela convicção filosófica, conseguiram a legalização das chamadas macumbas. Foi assim, que por meio das casas de culto, o samba conseguiu penetrar no meio social:

> A legalização dessas casas foi a brecha pela qual o samba penetrou. Sabendo que os policiais eram incapazes de distinguir um samba de uma música religiosa, os sambistas aproveitaram para cantar e dançar o samba quando se encerrava o culto religioso. (CABRAL,1996, p. 27).

A macumba seria um legado banto, uma espécie de denominação afrorreligiosa que sucumbiu à intolerância religiosa. Essa prática foi descrita nos primeiros estudos sobre cultos afro-brasileiros, em especial por Nina Rodrigues e Arthur Ramos, como "inferior" em relação ao Candomblé do grupo nagô (iorubá), que se espalhou a partir do Nordeste brasileiro.

Para Nei Lopes, não se pode negar que, neste quadro da presença afro-negra no Brasil, há o predomínio das culturas banto, que tiveram grande contribuição para a formação da cultura brasileira. Enquanto, no vocabulário brasileiro, os termos de origem nagô-iorubá estariam mais restritos às práticas e aos utensílios ligados à tradição dos orixás (música, alguns trajes e a culinária afro-baiana), teríamos na língua portuguesa falada no Brasil uma influência mais extensiva das línguas banto, como o quicongo, o umbundo e o quimbundo.

Entre os termos presentes em nossa língua que se identificam com manifestações culturais de matrizes africanas estão: batuque, congada, candombe, Candomblé, catira, caxixi, choro, chula, cuíca, gira, jongo, macumba, moçambique, samba e Umbanda, além de linguagens usadas em espaços de práticas rituais.

1.4 AS RELIGIÕES AFRO-BRASILEIRAS EM SÃO PAULO

A seguir, vamos abordar a formação de três tipos de religiões afro-brasileiras — macumba, Umbanda e Candomblé —, presentes no campo religioso de São Paulo, para observarmos, adiante, como expressões da cultura negra mantiveram constante diálogo e identificação com essas práticas em que sempre se esbarraram o povo do santo e o povo do samba.

1.4.1 A macumba paulista

A partir do século XIX, determinadas práticas religiosas dos negros passaram a ser chamadas de "macumba", um termo que se popularizou em quase todo o Brasil. Como vimos, seus rituais foram descritos como de extrema simplicidade, em contraste com a elaboração dos candomblés iorubás baianos, apresentando ainda cultos sincréticos que se caracterizariam por despachos, trabalhos de magia e incorporação de espíritos de antepassados. Arthur Ramos elegeu a macumba carioca como um modelo para ser comparado ao Candomblé (jeje-nagô) praticado nos terreiros da Bahia.

> Os cultos bantos, predominantes na Região Sudeste do país, mas não só aqui, foram tidos, pelo autor, como a contrapartida dos candomblés sudaneses do modelo baiano e em relação a eles caracterizados por sua pobreza mítica. Daí terem sido tão facilmente influenciados pela mitologia jeje-nagô que

lhes teria imposto seus orixás, pelas ideias do Catolicismo e do Espiritismo (postas em prática na devoção popular aos santos e nas sessões de invocação às almas) e pelas sobrevivências de cultos ameríndios. (SILVA, 1995, p. 39)

Macumba, no *Novo dicionário banto do Brasil* (LOPES, 2012), possui cinco significados ou formas diferentes de uso:

> *Macumba* [1] *s.f.* (1) Designação genérica dos cultos afro-brasileiros e seus rituais. (2) audácia, ousadia (SC). O vocábulo é de origem banta, mas no étimo controverso. Algumas hipóteses o relacionam ao quimbundo *makumba*, pl. de *dikumba*, cadeado, fechadura, em função das "cerimônias de fechamento de corpos" presentes nesses rituais. Mas a origem parece estar no quigongo *Makumba*, pl. *bumba*, prodígios, fatos miraculosos, ligado a *cumba*, feiticeiro. Slenes (2007b) liga a origem do vocábulo ao que chama "constelação *kumba*", i.e., ao grande número de significados do termo quimbundo *kumba*, alguns integrando o universo do jongo, aí sugerindo macumba ("grupo de poderosos"), como uma das possibilidades etimológicas.
>
> *Macumba* [2] *s.f.* Espécie de reco-reco (BH). Do quimbundo *mucumbu*, som provavelmente.
>
> *Macumba* [3] *s.f.* (1) cada uma das filhas de santo em terreiros de origem banta (OC). (2) O mesmo que *macuma* (JR). Do bundo *kumba*, conjunto de domésticos, serviçais, escravos; família morando dentro do mesmo cercado (ALVES, 1951b).
>
> *Macumba* [4] *s.f.* Espécie de antigo jogo de azar. Abon.: "A imprensa chama a atenção da polícia para o vício do jogo. E as autoridades perseguem os praticantes do gabizo e da *macumba* efetuando várias prisões na Rua Lampadoza" (RENAULT, 1982c, p. 51). De origem banta.
>
> *Macumba* [5] *s.f.* Maconha. Abon.: "Entre outros, a erva conhecida no Rio de Janeiro, segundo Manuel Querino, por pungo, e por macumba na Bahia; e em Alagoas por maconha" (FREYRE, 1975c., nota 73, p. 393). Erro de transcrição? (LOPES, 2012, p. 152-3)

Em *Orixás da metrópole,* Vagner Gonçalves da Silva analisou como essas práticas foram descritas por pesquisadores como Arthur Ramos, um dos responsáveis pela inferiorização das manifestações rituais negras. Segundo ele, Ramos teria afirmado que os cultos de procedência banto, tal como eram praticados na Região Sudeste, principalmente no Rio de Janeiro, poderiam ser descritos como "macumba". Ele as caracterizou com uma "mitologia paupérrima".

> A macumba, segundo Arthur Ramos, caracterizar-se-ia pela sua extrema simplicidade de rituais, contrastando com a complexidade nagô dos candomblés. [...]o termo "macumba" tornou-se designativo (em geral de modo pejorativo) de uma forma de culto "degradada" e invariavelmente associada à Região Sudeste, ainda que perfeitamente localizável em outros pontos do país [...] não foi, na época das pesquisas de Arthur Ramos, suficientemente percebido, preferindo fazer dos terreiros baianos seu modelo etnográfico de interpretação do Candomblé, e dos terreiros cariocas o modelo etnográfico para interpretar a macumba. (SILVA, 1995, p. 40)

No entanto, estudos posteriores ao de Ramos demonstraram que, na Bahia, a influência dos bantos no Candomblé jeje-nagô já se apresentava como um Candomblé de Caboclo, com influências ameríndias. Em relação a São Paulo, o autor sequer teria visto sinais de cultos afro-brasileiros organizados, julgando não haver na cidade qualquer tipo de culto que se assemelhasse às tradições dos candomblés baianos, xangôs do Nordeste e macumbas do Rio.

Nos estudos sobre religiões afro-brasileiras, a macumba paulista foi descrita por Roger Bastide em uma perspectiva um pouco diferente da adotada por seus antecessores. Apesar de também se apoiar na hipótese da pobreza religiosa relacionada à influência banto, o autor considerou que essas religiões sofreriam transformações no tempo, adquirindo significados estruturais diferentes, dependendo dos locais em que ocorriam. Dessa forma, teríamos uma macumba urbana, como reflexo da cidade em transição, e outra rural, como resultado da dispersão do negro na estrutura social agrária brasileira.[9]

---

9   Nas palavras de Bastide, a macumba urbana é, então, "esse mínimo de unidade cultural necessário à solidariedade que não lhes traz senão insegurança, desordem e mobilidade. Se se prefere, ela é o reflexo da cidade em transição, na qual os antigos valores desaparecem sem que os substituíssem os valores do mundo moderno [...] A macumba é a expressão daquilo que se tornam as religiões africanas no período dos valores tradicionais; o Espiritismo de Umbanda, ao contrário, reflete o momento da reorganização em novas bases, de acordo

Nesse sentido, Silva problematiza a relação entre o terreiro e o meio urbano, afirmando que, quando o terreiro é nicho cultural incrustado na cidade, a mesma desaparece como poder de determinação. Uma crítica às teorias de Bastide se baseia no fato de que ele acreditava, na época de suas pesquisas, nos anos 1940 e 1950, que não havia macumba individualizada e nem mesmo centros de Espiritismo de Umbanda em São Paulo, mas pesquisas posteriores apontaram "a existência de cultos organizados de macumba e Umbanda desde as primeiras décadas deste século" (SILVA, 1995, p. 55).

Quanto aos rituais da macumba paulista, Lísias Negrão (1996, p. 35) aponta o estudo de Liana Trindade (1991), *Construções míticas e história*, sustentando que na cidade houve a reconstrução dos mitos essenciais de origem banto, com:

> os pretos-velhos, caboclos e exus, incluindo mitos sudaneses e elementos mágicos e espíritas europeus reinterpretados pelas estruturas de significado do pensamento banto, centradas nas noções de ancestralidade e de força vital. (NEGRÃO, 1996, p. 36)

Existem poucos estudos sobre práticas rituais de macumba na cidade de São Paulo. O escritor e sacerdote de Umbanda Alexandre Cumino (2010, p. 148), que recentemente reconheceu a centralidade da matriz africana na constituição da religião,[10] portanto, afro-brasileira, cita o escritor e jornalista Leal de Souza, pioneiro da literatura umbandista, que escreveu para jornais das décadas de 1920 e 1930, *A Noite* e *Diário de Notícias* (RJ). Cumino destaca que no livro *O Espiritismo, a magia e as Sete Linhas de Umbanda* (2019), Souza defende que a Umbanda era uma forma de Espiritismo, esforçando-se para afastá-la da macumba:

> com os novos sentimentos dos negros proletarizados, daquilo que a macumba ainda deixou subsistir da África nativa (BASTIDE, 1985, p. 407). No caso das macumbas rurais, estas seriam resultado da dispersão do negro na estrutura social agrária brasileira, onde, pela falta de grupos estruturados, a memória coletiva não pôde funcionar, ocasionando a perda de rituais e a absorção da influência da cultura cabocla. Nestas condições, o culto se desenvolveu ao redor de certos indivíduos — macumbeiros, curadores, benzedores e médiuns". (SILVA, 1995, pp. 46-7)

10 Cf. CUMINO, Alexandre. Umbanda: religião brasileira, afrobrasileira ou afro-ameríndio-brasileira?. *In: Umbanda Eu Curto*. São Paulo, 26 nov. 2020. Disponível em: https://umbandaeucurto.com/afrobrasileira/. Acesso em: 11 jan. 2021.

A macumba se distingue e caracteriza pelo uso de batuques a tambores e alguns instrumentos originários da África. Essa música, bizarra em sua irregularidade soturna, não representa um acessório de barulho inútil, pois exerce positiva influência nos trabalhos, acelerando, com as suas vibrações, os lances fluídicos.

> As reuniões não comportam limitações de hora, prolongando-se, na maioria das situações, até o alvorecer. São dirigidas sempre por um espírito, que é invariavelmente obedecido sem tergiversações, porque está habituado a punir os recalcitrantes com implacável rigor. É de ordinário o espírito de um africano, porém também os há de caboclos. Os métodos, seja qual for a entidade dirigente, são os mesmos, porque o caboclo aprendeu com o africano. [...]
>
> Os trabalhos que, segundo os objetivos, participam da magia, ora impressionam pela singularidade, ora assustam pela violência, ora surpreendem pela beleza. Obrigam à meditação, forçam ao estudo, e foi estudando-os que cheguei à outra margem do Espiritismo. (SOUZA, 2019, pp. 73-4)

Lísias Negrão (1996, p. 36) localiza a macumba em terras paulistas com o predomínio da presença dos bantos (angolas e congos) desde o século XIX, reunindo uma síntese de diversos materiais culturais. Ele apontou que os rituais já incluíam adoração aos orixás cultuados pelos sudaneses (iorubás-nagôs) em candomblés. Ou seja, tratava-se de algo muito próximo do que viria a definir a estrutura da religião da Umbanda.

1.4.2 Umbanda em São Paulo

A morte branca do feiticeiro negro: Umbanda e sociedade brasileira (1991), de Renato Ortiz, e *Entre a cruz e a encruzilhada: formação do campo umbandista em São Paulo* (1996), de Lísias Negrão, estão entre os principais trabalhos que reconstruíram a trajetória da Umbanda em terras paulistas. Enquanto Ortiz tratou a religião como uma síntese do povo brasileiro, Negrão buscou retratar a complexidade do fenômeno a partir de "diferenças e oposições".

Sem se preocupar com uma data de origem para a Umbanda, mas como ela aparece, Renato Ortiz reconhece sua origem nas tradições afro-brasileiras, resultando em uma religião brasileira. O autor estuda as influências da consolidação da sociedade urbano-industrial a partir do século XIX, dividindo a constituição da Umbanda em dois movimentos: o embranquecimento das tradições afro-brasileiras e o empretecimento de certas práticas espíritas-kardecistas. Ele emprega o termo embranquecimento, a partir do pensamento de seu orientador Roger Bastide, como uma estratégia usada pelo elemento negro para "subir individualmente na estrutura social", aceitando valores impostos pelo mundo branco, recusando de certa forma o que teria conotação negra.

> Por outro lado, o que queremos indicar como o termo empretecimento é somente o movimento de uma camada social branca em direção às crenças tradicionais afro-brasileiras; trata-se da aceitação do fato social negro, e não de uma valorização das tradições negras. (ORTIZ, 1991, p. 32)

Em sua análise, o autor reconhece também o problema racial nas transformações da Umbanda, constatando a negação aos elementos afro-brasileiros e à continuidade das heranças africanas.

> Ao falarmos do empretecimento de uma camada de intelectuais kardecistas, não nos referimos a uma fusão harmônica das raças, como pretende Gilberto Freyre. [...] Os elementos genuinamente africanos, ou melhor, afro-brasileiros, são rejeitados por esta camada de intelectuais, que são justamente os criadores da religião de Umbanda. A cor preta é, desta forma, reinterpretada de acordo com os cânones de uma sociedade onde a ideologia branca é dominante. (ORTIZ, 1991, p. 165)

Espíritos relacionados às tradições afro-brasileiras eram rejeitados nas chamadas "mesas brancas". Em casas espíritas, quando um preto-velho "baixava" em um dirigente de sessão, ele era imediatamente doutrinado para que pudesse continuar o caminho na escala espiritual, ou para que não fosse confundido com "um espírito de luz, como é um espírito de médico, de padre, de freira ou de um sábio qualquer, posto que no universo kardecista a cultura do espírito corresponde à cultura de sua matéria (o médium)" (ORTIZ, 1991, p. 32).

Por outro lado, em casas nas quais se praticava a Umbanda, conviviam rituais com espíritos de negros e índios, despacho de exu, bebidas de divindades, charutos de caboclos, uso de pólvora para afugentar maus fluidos e outras práticas consideradas bárbaras e atrasadas pela religião espírita. Na década de 1920, entre os primeiros espíritas que se converteram e passaram a adotar as tradições afro-brasileiras estão Benjamim Figueiredo (Caboclo Mirim), no Rio de Janeiro (RJ); Zélio de Moraes (Caboclo das Sete Encruzilhadas), em Niterói (RJ); e Otacílio Charão (Preto-Velho Girassol e Caboclo Vira-Mundo), no Rio Grande (RS).

No Rio de Janeiro, em 1928, o contador Benjamim Figueiredo, neto de franceses, inicia o movimento de empretecimento do Espiritismo. Figueiredo recebia o espírito do Caboclo Mirim, um índio brasileiro, o que lhe impossibilitou a convivência dentro do grupo espírita, já que estes se recusavam a acolher espíritos considerados impuros e, portanto, impossibilitados de contribuir com o progresso da humanidade.

Hoje, muito tem-se debatido sobre a revisão da constituição da Umbanda a partir de uma historiografia que considera a história social da Umbanda — como eu chamo —, problematizando a questão do racismo e dividindo-a em pré-história; constituição/rejeição; legitimação e aceitação desta religião afro-brasileira.

Essas questões estão diretamente ligadas à expansão da Umbanda, que foi marcada pelo enfrentamento de campanhas contra o "africanismo" de seus cultos, tendo como opositores declarados o Espiritismo e o Catolicismo. Na década de 1930, por exemplo, o Kardecismo era classificado como "Alto Espiritismo", sendo as macumbas, os canjerês e os candomblés categorizados como "Baixo Espiritismo", pois eram cultuados por negros, mulatos e brancos pobres. Por isso, a parte da elite branca intelectualizada dos adeptos da Umbanda esforçava-se para afastá-la de qualquer relação com rituais africanos, sempre mal vistos e perseguidos pela polícia (CUMINO, 2010, p. 155). Até 1965, boa parte das casas de Umbanda tinha que ser registrada nas delegacias, fazendo com que, geralmente, elas optassem por se autodenominar como "tendas" ou "centros espíritas", subtraindo o nome "Umbanda".

Nas práticas da Umbanda, foram se definindo cada vez mais as relações entre o Sagrado e o Profano, a dicotomia entre o Bem e o Mal, a partir de uma concepção marcadamente cristã. Assim, de um lado temos os espíritos de luz (de direita), como caboclos, pretos-velhos e crianças; de outro, os espíritos das trevas (de esquerda), reservado aos exus (masculino) e pombagiras (feminino). Os orixás seriam os deuses representantes das forças da natureza sob a ordem de Olorum (iorubá) ou Zambi (banto), ao deles estariam Ogum (ferro), Oxóssi (matas), Oxum (águas doces dos rios e cachoeiras) e Iemanjá (mar). Existiria, portanto, uma relação entre o deus onipotente, Olorum/Zambi, os orixás e os espíritos que teriam cada um uma missão para cumprir tarefas específicas.

Divididos em Sete Linhas, os orixás se relacionariam com os espíritos de caboclos, pretos-velhos e crianças (ORTIZ, 1991, p. 81). Ortiz apresenta as Sete Linhas de Umbanda seguindo as orientações de Matta e Silva:

1. Linha (ou vibração) de Oxalá
2. Linha (ou vibração) de Iemanjá
3. Linha (ou vibração) de Xangô
4. Linha (ou vibração) de Ogum
5. Linha (ou vibração) de Oxóssi
6. Linha (ou vibração) das Crianças[11]
7. Linha (ou vibração) dos Pretos-Velhos[12]

> na Umbanda, os orixás não descem, eles se transformam em essências sagradas que transmitem seus atributos a outros executantes, por exemplo, os guias. [...] os deuses afro-brasileiros são então interpretados dentro de uma nova perspectiva religiosa, eles perdem suas características míticas e se transformam em essências sagradas; somente o nome africano é conservado. (CUMINO, 2010, p. 83)

Percorrendo informações em jornais do município de São Paulo, Lísias Negrão (1996) reconstruiu a história da Umbanda, do período que vai do Império à República Velha, passando pelos "tempos heroicos" (1929 a 1953);

---

11 Matta e Silva a denomina como Linha (ou vibração) de Yori. [NE]
12 Matta e Silva a denomina como Linha (ou vibração) de Yorimá. [NE]

pela "institucionalização" (1953 a 1970), pelo "apogeu" (década de 1970) e pelo "refluxo" (década de 1980), quando ocorre o declínio. O autor também observou em rituais de Umbanda as aproximações com o Candomblé.

> Nas giras, descem os espíritos genericamente chamados de guias, orixás ou santos. Descem, incorporando-se nos médiuns, inclusive nos pais de santo, invocados e despedidos por seus pontos-cantados, ao som dos atabaques e (ou) das palmas ritmadas. [...] Alguns, sobretudo os orixás propriamente ditos, tomados de empréstimo do panteão africano, vêm apenas para ser homenageados; incorporam-se, dançam, mas não dão passes nem consultas. Os orixás são mudos, inclusive os oguns, espíritos guerreiros importantes no imaginário umbandista e os mais frequentes deles por ocasião das giras. (NEGRÃO, 1996, p. 202)

No universo mítico umbandista, as categorias de esquerda e de direita não são menos complexas que a divisão por linhas: "Trata-se de uma categoria moral: a direita representa o Bem, a esquerda, o Mal, não obstante uma e outra recebam interpretações variáveis" (NEGRÃO, 1996, p. 242). Nas giras, as entidades que atraem maior público e frequência nos rituais são os caboclos, os pretos-velhos, os baianos, os exus, as pombagiras, as crianças, os boiadeiros, os marinheiros, os oguns, os zés pelintras, os ciganos e os médicos.

Chama atenção a presença do orixá Ogum na lista das entidades mais frequentes em terreiros de Umbanda em São Paulo. Associado a São Jorge, o orixá da tradição iorubana se apresenta com comportamentos bem diferentes e de forma plural: Ogum Megê, Ogum Rompe-Mato, Ogum Beira-Mar etc.

> Não dão passes nem consultas, pois, como todos os orixás, são mudos. Extremamente sérios, são patrulheiros. Normalmente, aparecem no início das giras, para fiscalizá-las. Como militares, são responsáveis pela ordem e os únicos eventualmente presentes às giras de esquerda. Nestas, cobrem-se os altares, menos a imagem vigilante de São Jorge-Ogum. Em suas aparições, muitas vezes vêm como se estivessem a cavalo, oscilando

o corpo em gestos característicos, tudo observando. Olham fixamente médiuns e público nos olhos, os quais não devem desviar o olhar. Após o que, com ar de satisfeitos, vão-se. Seus pontos cantados exaltam seu caráter combativo e vitorioso:

[Se] Meu pai é Ogum, Ogum,
vencedor de demanda.
[Quando vem de Aruanda]
[é] pra salvar filhos de Umbanda
Ogum, Ogum Iara!
Salve os campos de batalha!
Salve a sereia do mar!
Ogum, Ogum Iara!

(Autor desconhecido apud NEGRÃO, 1996, p. 242).

De acordo com os registros em cartório, o primeiro terreiro de Umbanda organizado em São Paulo data de 1930, tendo sido registrado com o nome de Centro Espírita Antônio Conselheiro. Somente em 1952 é fundado o primeiro terreiro a assumir a pertença religiosa em seu nome, trata-se da Tenda de Umbanda Mãe Gertrudes (CONCONE; NEGRÃO, 1987 apud PRANDI, 1991, p. 48).

É interessante como o universo umbandista hoje paira sobre um espaço não quantificado. Não existem pesquisas recentes sobre a quantidade de terreiros e seguidores em São Paulo. Notadamente, o que tem crescido é a intolerância religiosa. Enquanto, no Brasil, em 2019, o aumento de casos de intolerância religiosa foi de 56%, em São Paulo, as denúncias de injúrias, ataques e depredações de casas de culto cresceram 22%, sendo os seguidores das religiões de matriz africana as maiores vítimas.[13] Há, ainda, a questão do racismo religioso e o engajamento da religião em práticas antirracistas, que protejam a indiscutível matriz africana das Umbandas no Brasil.

---

13   Segundo o balanço Disque 100 do Ministério da Mulher, Família e Direitos Humanos.

1.4.3 O Candomblé em São Paulo

O Candomblé começou a se firmar na cidade de São Paulo a partir da década de 1960. Nesse mesmo período, com a oficialização e a regularização dos desfiles, as agremiações carnavalescas paulistanas também começaram a buscar legitimidade e expansão, nos moldes das escolas de samba do Rio de Janeiro.

O modelo que chegou à capital paulista, pelo intercâmbio com as casas de culto do Rio de Janeiro, tinha como origem os terreiros da Bahia, considerado o berço dessa religião afro-brasileira.[14] Silva observa que o crescimento do número de terreiros de Candomblé verificado em São Paulo, a partir dos anos 1960, também pode estar associado ao fluxo migratório de populações nordestinas à cidade.

> Chegando aqui para trabalhar, muitos deram continuidade também à sua história de vida religiosa, muitas vezes aderindo à Umbanda, majoritária na época, retornando posteriormente ao Candomblé, abrindo seus próprios terreiros. (SILVA, 1995, p. 77)[15]

Segundo Reginaldo Prandi (1991), a partir de 1960, com o processo de apagamento de traços umbandistas do Candomblé em São Paulo, intensifica-se o trânsito entre os candomblés da Bahia e os da capital paulista, atraindo seguidores que passam a aderir ao Candomblé. Prandi vê nesse movimento uma espécie de "limpeza" dos traços umbandistas do Candomblé, de forma inversa ao que ocorreu com a Umbanda na sua formação.

> Esse assumir-se como Candomblé fará da Bahia o centro de legitimação dos sacerdotes de São Paulo, que em um segundo momento esquecerão a Bahia para se lançarem diretamente à África. (PRANDI, 1991, p. 93)

---

14 A fundação do Candomblé do Engenho Velho, na Bahia, provavelmente em 1830, marca o início de uma nova fase na existência do culto organizado de origem africana (CARNEIRO, 2008, p. 11). Sobre os primeiros terreiros de Candomblé no Brasil, ver Verger (1992, p. 28).

15 Pelo território do país, a vida religiosa afro-brasileira inclui também denominações regionais: Xangôs, no Sergipe, em Alagoas e em Pernambuco; Casas das Minas, no Maranhão e no Pará; Babassuê e Tamborainda, no Pará; Catimbó, na Paraíba, em Pernambuco, no Rio Grande do Norte e no Ceará; Batuques, no Rio Grande do Sul; Saravá, no Mato Grosso; e, ainda, Mesa da Jurema e Xambá, no Nordeste; e Umbanda e Quimbanda, no Sudeste (CARNEIRO, 2008, p. 17).

Alguns dos orixás, divindades, que foram associados aos santos católicos têm uma classificação[16] bastante conhecida, tanto na Umbanda quanto no Candomblé, são: Ogum/São Jorge (fogo/ar/ferro); Oxóssi/São Sebastião (matas); Iemanjá/Nossa Senhora das Candeias e dos Navegantes (águas salgadas); Xangô/São João e São Pedro (raio/trovão); Logunedé/Santo Expedito (pesca/caça); Oxumarê/São Bartolomeu (arco-íris); Nanã/Sant'Ana (lagos e pântanos); Obaluayê/São Roque (terra); Iansã/Santa Bárbara (ventos); e Oxum/Nossa Senhora da Conceição (águas doces). Além de Ibeji/São Cosme e São Damião, os gêmeos relacionados às crianças.

Os cultos são realizados seguindo ritos — atos e palavras de devoção, em honra a uma ou mais divindades. Em torno de festas elaboradas, seus adeptos aproximam-se dessas divindades, revivendo mitos, práticas características das tradições orais. Segundo Beniste (2010, p. 212), os atos e as palavras compreendem a prece, a invocação, a elaboração de oferendas, os cânticos, a manifestação de divindades, os toques de atabaques e a dança.

Na tradição dos cultos aos orixás, a ialorixá (mãe de santo) ou o babalorixá (pai de santo) constituem a autoridade máxima, o zelador de um terreiro. Tal poder é adquirido por meio de uma rígida preparação e de ritos de passagem, por um período não inferior a sete anos, pela vontade do orixá regente de sua "cabeça" (orí)[17] e do ser supremo Olorum (Zambi/Olodumaré).

São os zeladores que guardam os segredos, pois possuem o conhecimento sobre como satisfazer as vontades dos orixás e o axé necessários para compartilhar com a comunidade ou o povo do santo. Na sua cabeça (orí), reina o orixá principal do grupo, a quem se deve total obediência, porque este orixá, como representante de Olorum, o ajuda a zelar pelos filhos dos outros orixás.

O espaço de culto é o terreiro, que guarda a representação de uma parte do orixá onde, na linguagem do povo do santo, está "plantado o axé". O uso da palavra "plantar" está associado ao ritual em que se enterram, no

---

16 Classificação dos orixás segundo Silva (2005, p. 95).

17 "Orí — 1. S. cabeça; 2. S. divindade que rege a condução do homem por seu destino. [...] Orí é uma divindade independente dos *orisà* e subjetiva a cada ser humano. Orí recebe diversos cultos no Candomblé, denominados borí. [...] independente do *orisá* da pessoa, Yèmonjà é considerada como a mãe de todas as cabeças (Iyà Orí), pois ela rege a sanidade mental." (JAGUN, 2017, p. 1145)

centro das casas de cultos, elementos e objetos que têm como função a sacralização do espaço físico. Os terreiros são construídos, tradicionalmente, aos moldes das casas de Candomblé da Bahia, bem simples, divididas em quartos, salas e cozinhas, tudo para acolher a comunidade e os orixás. Entre as dependências obrigatórias está o *ilé òrìşá* (ilê orixá), ou casa do orixá:

> *ilé òrìşá* — casa de culto de cada *òrìşá*, também conhecida como quarto de santo, *iyàrá òrìşá*, e que podem ser localizados do lado de dentro (*inú*) do prédio principal ou do lado de fora (*òde*). Os *òrìşá inú* são: Oşàálà, Şàngó, Yemọja, Òşùn, Ọbà, Iyewa, Yánsàn; os *òrìşá òde* são: Èşù, Omolu, Nàná, Òşùmàrè, Òşányìn, Ògún, Ọşóòsì, Ìrókò, Ibéjì. As exceções estão em função dos tipos especiais de cada *òrìşá*. Para se entrar, bate-se na porta pedindo licença; entra-se de frente e se sai de costas. Se a pessoa estiver manifestada com *òrìşá*, sairá de frente para os assentamentos (*idí òrìşá*). (BENISTE, 2010, p. 257)

Beniste explica que é a manutenção desse axé que dá mais sentido à realização dos cultos às divindades, porque transfere poder, inclusive de proteção, ao grupo que dele participa.

> O *àşẹ* das forças da natureza é parte do *òrìşá*, porque o seu culto é exatamente dirigido às forças da natureza. O *òrìşá* é parte disciplinada de tais forças, a parte que é controlada para formar um elo nas relações da humanidade com o Ser Supremo. Outro elo é constituído pelos seres humanos que viveram na terra em tempos remotos e, mais tarde, foram divinizados. (BENISTE, 2010, p. 80).

O autor diz que esses seres divinizados foram capazes de estabelecer o controle sobre a força natural e um processo de transferência permanente do axé, a força vital. "Para conseguir esses objetivos é que se fazem sacrifícios e oferendas ao titular do poder, mantendo-se, assim, a potencialidade do seu *àşẹ*" (BENISTE, 2010, p. 80).

Nos quartos de santo ficam os assentamentos (objetos sacralizados) dos orixás principais do grupo e de cada iniciado, como objetos de adoração, vasilhas, símbolos e imagens ou esculturas correspondentes.

> Os objetos reúnem as condições estéticas e materiais requeridas para o culto, mas, se não forem preparados, carecem de "fundamento"; [...] É o *àṣẹ* que permite aos objetos funcionar e adquirir todo seu pleno significado. (SANTOS, 2001, p. 37)

Para cada divindade há um elemento específico, que pode ser de madeira, porcelana, barro, palha, couro, pedra, conta ou metal de várias cores e formas.

1.4.4 O intercâmbio entre o Candomblé, a Umbanda e o samba em São Paulo

Em São Paulo, a musicalidade foi um dos elementos que possibilitou a aproximação do povo do Candomblé com os terreiros de Umbanda. Essa relação resultou também em uma nova forma bem peculiar de cultuar os orixás, na qual associam-se algumas práticas umbandistas, como o culto aos caboclos e pretos-velhos. Nesse intercâmbio, os cultos contavam com a ativa participação dos tocadores de atabaque (PRANDI, 1991, p. 83), que vinham das rodas de samba da cidade e, assim, fortificava-se o elo que mantinha unido o povo do santo e o povo do samba.

O músico e compositor Osvaldinho da Cuíca, ilustre integrante da escola de samba Vai-Vai, participou "sem perceber" desse movimento. Criador da ala de compositores da "escola do coração", o ritmista tocou atabaque em um terreiro de Umbanda no bairro do Brás:

> A maior influência nas primeiras escolas de samba eu acredito que seja da Umbanda. Quando a gente ia aos terreiros, o Candomblé ainda não existia em São Paulo. Eu mesmo ia aos terreiros de Umbanda para tocar atabaque. A gente via as menininhas e tocava os atabaques. Muitos sambistas faziam isso. Aí começou a chegar o pessoal do Candomblé... (Osvaldinho da Cuíca, depoimento concedido em 2015)

É importante registrar que algumas pesquisas localizam práticas isoladas de Candomblé na cidade de São Paulo ainda em meados do século XIX. Em uma reportagem sobre a apreensão de mulheres em um culto afro, publicada no jornal *Província de São Paulo* (atual *O Estado de S. Paulo*) em 30 de setembro de 1879, Silva (1995, pp. 56-60) identificou simbologias do Candomblé:

> Analisando esta notícia, vê-se que a ação repressiva da polícia se deu no exato momento em que ocorria, na casa da mãe de santo (termo empregado também em nossos dias para sacerdotes do culto) Gunhôde, um dos principais rituais do Candomblé, a "feitura de santo" que é a iniciação de novas adeptas. [...] atestam que a casa invadida pela polícia constituía de fato um terreiro organizado em termos de espaço físico para o culto e com uma estrutura hierarquia religiosa praticamente semelhante àquela existente nos candomblés atuais paulistas, cariocas ou baianos. Pela origem declarada da maioria destas mulheres (quatro delas são fluminenses e uma baiana), conclui-se que possíveis contatos de intercâmbio religioso entre São Paulo, Rio de Janeiro e Bahia já se estabeleciam naquela época. (SILVA, 1995, p. 58)

O registro de uma apreensão policial em um Candomblé testemunha uma prática religiosa realizada pela população negra, em uma época em que negros escravizados e libertos já participavam ativamente da vida social da província. Em algumas localidades, nas casas, quintais e espaços reclusos, formavam-se territórios negros a fim de abrigar práticas religiosas afro-brasileiras. A população negra se concentrava em bairros como Jabaquara, Bixiga, Casa Verde, Limão, Capela do Socorro, Embu e Vila Brasilândia, que já foi conhecida como a "África paulistana", lugar onde foi instalado o primeiro terreiro de Candomblé da cidade:

> Terreiro de Candomblé de Santa Bárbara, de Mãe Manodê, no início dos anos 1960. Em outro terreiro, chamado Axé Keto Bessen, situado no bairro nipônico da Liberdade, nas proximidades do centro da cidade, ouvi histórias sobre velhas escravas africanas que ali mesmo iniciaram seus parentes, hoje falecidos, mas ainda cultuados em pequenas urnas de madeira guardadas no interior do antigo cortiço, onde funciona o terreiro. (SILVA, 1995, p. 60)

Esses dados mostram que, além da presença de práticas de Candomblé, as vivências religiosas dos negros davam um contorno cultural à São Paulo antiga, onde negociações e resistências também foram marcadas por festas, rezas e batuques.

1.4.5 Xirê: ritualidade e festa no terreiro

A festa é algo de extrema importância no universo do Candomblé. Rita Amaral, em *Xirê!: o modo de crer e de viver no Candomblé,* descreve a importância das festas e a dimensão que elas ocupam na rotina dos terreiros, dos seguidores, do povo do santo e da comunidade em geral:

> A vivência da religião e da festa é tão intensa que acaba marcando de modo profundo o gosto e a vida cotidiana do povo do santo. A religião passa a se confundir com a própria festa. (AMARAL, 2002, p. 30)

Nos terreiros, as divindades são cultuadas em torno de ritos específicos que incluem, de acordo com o tipo de orixá ou de entidade, a preparação de oferendas, de comidas e, principalmente, de festas nas quais terreiro, comunidade e orixás se confraternizam. As festas seriam uma vitrine da religião, uma maneira de mostrar ao público a identidade do culto.

> A festa mostra o que o grupo é e como pensa. [...] elas são o momento em que se vive o mito, o sonho. O momento em que os humanos recebem deuses em sua casa, às vezes até em seu próprio corpo. E isso precisa ser comemorado. (AMARAL, 2002, p. 32).

Todas as festas mais importantes de um terreiro possuem datas próprias, sendo muitas dessas associadas às datas de celebrações católicas. Este é o caso da Festa de Ogum, que ocorre em 23 de abril, Dia de São Jorge, em que se costuma oferecer a "feijoada de Ogum"; e a de São Cosme e São Damião, quando são celebrados os gêmeos Ibeji, representados pelos erês (espíritos infantis), e oferecido o "caruru de Cosme", comida feita a base de quiabo.

A comunidade se envolve intensamente nos preparativos dos xirês, geralmente cheio de detalhes: a reserva da data especial no calendário, as proibições, as listas de ingredientes, as compras, a preparação dos iniciados, o asseio dos objetos sagrados, a preparação das roupas e apetrechos, a decoração da sala de culto e a feitura das comidas.

Cuidar dos objetos consagrados aos orixás é outro ritual festivo. Toda e qualquer tarefa é realizada com atenção aos tabus alimentares e sexuais, pois é preciso estar preparado para executá-las. O movimento começa dias antes, sendo aqueles que antecedem a festa de especial importância, por incluírem o trato com animais para os rituais sacrificiais e o preparo das comidas "secas" (geralmente grãos), tornando o ambiente da cozinha um evento à parte.

Segundo Amaral (2002, p. 48), todos se preparam para brincar, dançar e se divertir com os deuses, que certamente virão. Os orixás incorporam em seus eleitos (iniciados) e dançam majestosamente: usam brilhantes, ricas coroas, cetros, espadas e espelhos; são os personagens principais do drama religioso.

Esse drama é importante para que os mitos sejam revividos e interpretados, na presença dos deuses, a partir de gestos, cânticos, sons, danças, cores, roupas e sequências, transmitindo ao grupo participante o valor ancestral e permitindo que todos compartilhem o axé.

Nos terreiros religiosos, ganham destaque a música dos tambores, a alegria, o dispêndio, o ludismo, a sensualidade, o livre uso do corpo e o estilo de vida (AMARAL, 2002, p. 96),[18] sentidos de sociabilidade que também encontraremos nas rodas de samba, nas capoeiras e nas escolas de samba.

1.5 SAMBA E RELIGIÃO EM SÃO PAULO: DO INTERIOR PARA A CAPITAL

Sobre o contexto das organizações carnavalescas negras mais antigas da cidade de São Paulo, não existe nenhuma pesquisa anterior sobre a atuação direta de lideranças religiosas na fundação ou manutenção das escolas de samba, ou da existência de práticas religiosas no interior des-

---

18 Sobre estilo de vida, Amaral diz que é a forma pela qual uma pessoa ou um grupo de pessoas vivencia o mundo e, em consequência, comporta-se e faz escolhas. O que define os elementos que compõem o conjunto simbólico a que se chama de "estilo de vida" é, basicamente, sua distância (dos elementos) em relação às necessidades básicas dos indivíduos ou grupos (BOURDIEU, 1983, passim apud AMARAL, 2002, p.21).

sas escolas. Donzena (2009, p. 58) afirma que, na capital paulista, inicialmente, a função social que o samba e a religião dos negros exerciam sobre a comunidade era a mesma.

Em uma sociedade que não oferecia grandes oportunidades aos negros, as escolas de samba teriam surgido com a função social de exprimir as tradições musicais afro-brasileiras e de se tornarem importantes espaços de sociabilidade e solidariedade.

Até as primeiras décadas do século xx, o Carnaval paulistano encontrava-se delimitado pelo modelo de corsos.

> Vale lembrar que os negros e os brancos pobres apenas assistiam aos desfiles à distância. Nesse contexto de incerteza e de dificuldade de inserção social surgiram as primeiras escolas de samba, assim como se configuraram as religiões da Umbanda e do Candomblé. (DONZENA, 2009, p. 58)

Em *Carnaval em branco e negro: Carnaval popular paulistano 1914-1988,* Olga Rodrigues de Moraes von Simson (2007) realizou um importante estudo em que analisa as atividades festivas, tanto profanas quanto religiosas, com especial destaque para as transformações dos folguedos, constituindo um importante detalhamento da formação e das transformações dos cordões carnavalescos. Na parte da obra intitulada "O Carnaval negro", a autora enfoca os desfiles do Carnaval da cidade sob a ótica do sambista negro, entrevistando personagens que descrevem a formação das escolas de samba, entre eles Dionísio Barbosa, fundador do Grupo Carnavalesco Barra Funda, o primeiro cordão carnavalesco da cidade de São Paulo (1914), Geraldo Filme, herdeiro do Paulistano da Glória e compositor da Vai-Vai, e Alberto Alves, o Seo Nenê, fundador da Escola de Samba Nenê de Vila Matilde.

O estudo mostra como o Carnaval se inseriu na sociedade, ao dominar as ruas, do final do século XVIII ao século XIX. A autora parte das brincadeiras dos entrudos, herança do contato com os colonizadores portugueses, passando pelo Carnaval rural e pelos caiapós e cordões, até chegar às escolas de samba.

Havia em São Paulo os desfiles dos caiapós, integrados às festas religiosas, nos quais os negros representavam os indígenas (negros da terra) de uma das nações mais resistentes às ações dos bandeirantes paulistas, como uma oportunidade de ressaltar o caráter opressor dos portugueses, constituindo assim a imagem ideal para demonstrar a capacidade de resistência da população negra.

> O aparecimento do primeiro folguedo carnavalesco próprio da população negra da cidade de São Paulo remonta aos "caiapós", manifestação lúdica dos "negros crioulos", surgida no período colonial. Os caiapós eram um auto dramático, em forma de dança, que narrava a história da morte de um pequeno cacique indígena, atingido pelo homem branco, que conseguia voltar à vida graças às artes do pajé, para alegria e regozijo da tribo. [...] Apesar de protagonizada pela população pobre e negra da cidade, a manifestação era aceita por sua função atrativa, pois com seus instrumentos de percussão chamava e reunia o povo para ver e acompanhar as procissões (SIMSON, 2007, p. 3).

No entanto, essa manifestação como ato de denúncia e resistência foi banida dos cortejos religiosos em meados do século XX e, mesmo usando de negociações com o poder público, que ora permitia, ora proibia a realização dos desfiles, foi definitivamente retirada do âmbito religioso décadas depois. Simson afirma que, apesar de os grupos de caiapós terem desaparecido dos festejos da capital em 1910, ainda persistiriam em regiões "mais pobres" do interior de São Paulo, como Ilha Bela, Ubatuba, Piracaia, Mairiporã, Itapetininga e São José do Rio Pardo, em festas do calendário católico — Carnaval, Natal, Festa de Reis, Divino Espírito Santo e Sábado de Aleluia.

No período seguinte, entre 1910 e 1920, começam a surgir os primeiros cordões carnavalescos na cidade, em três regiões da área central, definidas como territórios negros: Barra Funda, Bela Vista (Bixiga) e Baixada do Glicério (locais pouco valorizados e de moradias baratas). Em comum, abrigavam uma população majoritariamente negra, composta por trabalhadores domésticos, carregadores, ensacadores de armazém etc.

Os cordões só passariam a se multiplicar entre 1930 e 1950, quando começaram a disputar espaço com as primeiras escolas de samba paulistanas, até se extinguirem definitivamente. É o período que marca também uma relação estreita dos sambistas com as festas religiosas da capital, como as de Santa Cruz, do Trezé de Maio (Abolição da Escravatura) e de São Benedito; e as do interior, como as romarias, sendo a peregrinação para a cidade de Pirapora — a 53 km de São Paulo — para a Festa de Bom Jesus a mais importante e preferida pela comunidade negra e pelo povo do samba.

Na primeira quinzena do mês de agosto, o Louvor a Bom Jesus de Pirapora reunia um grande contingente de negros em um espaço onde se desenvolveu o chamado samba paulista e que serviu de inspiração para a organização das agremiações carnavalescas da cidade de São Paulo. Nas homenagens ao santo padroeiro, participavam grupos de negros de diversas cidades do estado, além de grupos que vinham do sul de Minas e do sul do Mato Grosso.

As festas de Pirapora foram tão marcantes para a história do samba paulista que se confundiram com a trajetória de vida de muitos sambistas importantes. Lá, nasceu o samba rural, com uma identidade própria, diferente da estrutura desenvolvida no Rio de Janeiro.

Enquanto na igreja matriz de Bom Jesus de Pirapora se promoviam as missas e as procissões ao padroeiro da cidade, com a presença de senhores abastados da elite, bem próximos dali, proibidos de se juntar às celebrações, os negros ocupavam barracas e barracões. Eles se agrupavam em "batalhões" para a realização de suas rezas e batuques, promovendo a parte profana da festa.

Cada batalhão ostentava o nome da cidade de origem das famílias negras. Do batalhão de São Paulo, fizeram parte os fundadores das futuras escolas de samba da capital: Camisa Verde e Branco, representada por Dionísio Barbosa; Vai-Vai, representada por membros das famílias dos fundadores, como os Penteado, que até hoje atuam na diretoria da escola, como veremos no Capítulo 2; e Nenê da Vila Matilde, fundada por Alberto Alves, o Seo Nenê. Apenas esta última nasce como escola de samba (1948), enquanto as outras duas organizações começam como cordão carnavalesco. O cordão Camisa Verde foi fundado em 1914, como Grupo Barra Funda, e o Cordão Vai-Vai, em 1930. As viagens serviam de intercâmbio entre os grupos, que passaram a transportar o samba do universo rural para o urbano.

> Os membros do Camisa Verde se dirigiam a Pirapora já nos primeiros dias de agosto, viajando de trem até Barueri e cumprindo o resto do trajeto a pé. Iam famílias completas (homens, mulheres e crianças), levando estandarte e instrumentos musicais para representar São Paulo durante a semana em que permaneceriam na cidade. O auge da festa se dava entre 3 e 7 de agosto, culminando com a procissão com honra a São Bom Jesus. [...] Nos barracões, tocava-se samba noite e dia, com grandes desafios, principalmente entre os grupos de São Paulo, Campinas e Itu. Interrompia-se a atividade só no dia 6, quando todos se arrumavam para participar da procissão. (SIMSON, 2007, p. 114)

Do Bixiga, outro território negro da capital, partia também um grupo volumoso composto por famílias que se organizavam assiduamente para ocupar os barracões de Pirapora. Um dos entrevistados desta pesquisa, Fernando Penteado, o diretor de harmonia da Vai-Vai, é bisneto de Frederico Penteado, um dos integrantes do grupo de fundadores. Com 75 anos de idade e 72 como componente da escola, ele relembrou um pouco da história dessas festividades religiosas, ressaltando que a ida a Pirapora era "sagrada". A comunidade negra seguia animada para encontro para promover a grande confraternização entre as famílias.

> Eu fui batizado lá em Pirapora. A negrada ia toda para lá. Ficávamos dez dias dormindo no barracão para participar da festa. Vinham famílias de negros de toda a região, de várias cidades do interior, muitos encontravam parentes que não viam há anos. Chegávamos lá de todo jeito: a pé, de carona no caminhão ou a cavalo. No barracão, era outra festa, já que não podíamos participar das missas com os brancos. Tinha muita comida, as tias quituteiras faziam as comidas deliciosas. Toda noite tinha samba e as rezas. A gente rezava. Era um ritual: faziam uma grande roda, começava com o mais velho ou a mais velha, que ia para o centro dançar e rezar. Muitas vezes, rezávamos pelos parentes doentes, rezávamos cantando e dançando. Comida, samba e reza. (Fernando Penteado, depoimento concedido em 10/06/2016)

Em 1725, na cidade, às margens do rio Tietê, foi encontrada a imagem do santo padroeiro por um pesqueiro, dono de um sítio no local. Ali, ergueram a primeira igreja matriz, que passou a ser visitada em 6 de agosto de 1726, quando o pároco de Parnaíba celebrou a primeira missa e foi realizada a primeira festa em louvor ao Bom Jesus. Em devoção, agradecimento e louvação, fazendeiros da região, com suas famílias e seus escravizados, povoavam a cidade para as celebrações. Penteado diz que essa história sempre foi repetida entre os romeiros negros:

> No começo, eram montadas barracas na beira do rio para os escravos ficarem. Eles improvisavam fogões para que as negras cozinhassem para os senhores. Vinham de muitas cidades. Eles ficavam ali todos juntos e iam cozinhando, cantando, rezando e batucando. Pirapora tem uma lenda, uma crença, que assim como acharam nossa Senhora Aparecida, acharam a imagem do Bom Jesus. Naquela época, as lavouras prosperaram. Fizeram um oratório, que acabou virando a igreja. Isso correu por toda São Paulo. À noite, se agrupavam todos lá. E aí virava samba. Depois foi que construíram o barracão. No começo, as barracas ficavam todas na beira do rio. Hoje, vejo como se fosse o ensaio técnico das escolas no Sambódromo. Vinha gente de todo lugar, como vão às escolas de samba para ensaiar. Vem do Nenê, vem do Rosas e, de repente, a gente se encontra, senta, faz a roda, faz o samba e tá todo mundo junto. É coisa do negro, onde a gente se encontra vai fazer como os nossos antepassados faziam. (Fernando Penteado, depoimento concedido em 10/06/2016)

As participações em festas de caráter religioso-profano, como as congadas, os moçambiques e o próprio samba de Pirapora, influenciaram a criação dos desfiles dos cordões carnavalescos, típicos da população negra e pobre da cidade de São Paulo, na primeira metade do século xx. Essas manifestações foram "vivenciadas geralmente fora da cidade, em função de uma situação de moradia anterior à fixação na capital ou de viagens curtas a outras regiões do estado, principalmente a cidades como Capivari, Tietê e Piracicaba" (SIMSON, 2007, p. 115).

Nessas reuniões, o encontro de diversas heranças étnicas possibilitou o nascimento do chamado samba-paulista e suas variantes, o samba-de--lenço, o samba-rural, o samba-de-bumbo e os batuques. O batuque-de--umbigada é praticado até hoje e resulta de um complexo ritmo, marcado por instrumentos como tambu, quinjengue, matraca e guaiá. Essa base instrumental motivava cantos com versos de improviso, muito conhecidos em cidades como Tietê, Porto Feliz, Laranjal Paulista, Capivari, Botucatu, Itu, Tatuí e em outros municípios originários dos movimentos de antigos escravizados no estado de São Paulo.

Baronetti (2015, p. 35) também mostra que a esses ritmos foram se juntando outras contribuições de expressões originalmente dispersas, como o jongo, a catira, a caninha-verde e a Folia do Divino, trazidas por romeiros de outras localidades, como do sul de Minas, do Mato Grosso e do norte do Paraná — tendo como ponto de partida o repertório tocado pelo samba-de-bumbo, no qual predominava o canto africano, que permitia versos improvisados, desafios e mensagens de duplo sentido.

> Herança característica da comunicação velada desenvolvida pelos escravos para driblar a vigilância dos senhores durante o período escravista. (BARONETTI, 2015, p. 36)

A festa negra nas celebrações de Pirapora do Bom Jesus, em que se misturavam a resistência e a busca de identidade, durou até a década de 1940, quando os batuques nos barracões foram proibidos.

Com a interdição da reunião dos negros pela Igreja, impõe-se o fim do que eles consideravam "o melhor da festa", rompendo o ciclo que, até ali, conferia certa homogeneidade ao samba-de-bumbo. Os grupos de cada cidade, então separados, continuaram a produzir e a manter seus laços com as raízes africanas, mas cada qual à sua maneira. Na capital paulista o samba continuou atrelado às celebrações religiosas, pois:

> havia outra forma de vivenciar essa cultura negra mais tradicional no contexto da própria cidade de São Paulo: a participação em festas realizadas pela comunidade negra na periferia da cidade, como as de Santa Cruz, do

> Treze de Maio e de São Benedito, montadas em grandes terrenos existentes em bairros mais afastados do centro de São Paulo. Era nessas ocasiões que o modo de festejar típico do Catolicismo rústico brasileiro era passado de geração a geração. (SIMSON, 2007, p. 116)

A partir de 1930, ano em que é formado o Cordão Carnavalesco Vai-Vai — ou Vae-Vae —, muitas famílias negras decidiram morar na capital, se estabelecendo nos bairros onde as primeiras escolas de samba foram formadas, algumas delas mantidas até hoje no mesmo lugar.

> Até a década de 1930, realizava-se o samba em todos os redutos negros da capital paulista, Bixiga, Barra Funda, região do Lavapés, Glicério, Liberdade, Brás, Belém, Mooca e Penha, além dos bairros do Jabaquara e da Saúde. Algumas personalidades ligadas ao nascimento dos cordões carnavalescos em São Paulo frequentavam os barracões de Pirapora e promoviam sambas do gênero em suas casas e vizinhanças, como Dionísio Barbosa, fundador do cordão, e posteriormente, da Escola de Samba Camisa Verde e Branco; Geraldo Filme, liderança dos cordões Campos Elíseos e Paulistano da Glória; madrinha Eunice, a fundadora do Lavapés (1937); e Dona Sinhá, do Cordão e, posteriormente, Escola de Samba Vai-Vai. (MANZATTI, 2005, p. 23)

Saudosos do calendário festivo do samba de Pirapiora, os sambistas foram reproduzindo, a seu modo, sua forma de batuque, de roda de samba e de manifestações sagrado-profanas. Na capital de São Paulo, as reuniões de rezas e cantos encontraram lugar nos terreiros e quintais. Era um arranjo que, no Carnaval, ganhava as ruas por meio das manifestações dos cordões, dos blocos e, depois, das escolas de samba.

1.5.1 Música como passagem: da religião para o samba

Como vimos, em São Paulo, o intercâmbio entre as rodas de samba, as escolas de samba e os terreiros de Umbanda e Candomblé foi facilitado pela música e pelos tocadores de atabaque — os iniciados no Candomblé são chamados de ogãs ou alabês. Uma relação diferente do que ocorreu no Rio de Janeiro, onde, no início, os espaços de culto e os sacerdotes eram tidos como territórios de proteção para o desenvolvimento do samba. Lá, os sambistas não se cansavam de exaltar os nomes de seus orixás protetores em suas canções, narrando mitos, ritos e o cotidiano dos terreiros.

Na capital paulista, o movimento acontecia nos quintais. A religião atraía os sambistas para os cultos particulares, chamados de batuques, que sempre terminavam com uma roda de samba.

> Era um samba que tinha comida, comida de santo. Todo o pessoal do samba frequentava o terreiro da minha madrinha Antonieta, na Parada Inglesa, na Zona Norte. Dona Sinhá não saía de lá, mesmo depois que saiu do Vai-Vai e foi pro Camisa Verde. Tinha os cantadores, que puxavam o ponto. O samba-enredo da escola é como se fosse um ponto. Na época, a gente puxava o ponto, que eram as cantigas para as entidades e pros orixás, pros pretos-velhos. Era um samba mais lento, batido na palma da mão. A gente cantava assim para Pirapora:
>
> Ê, pindamonhagaba.
> E, monhangabapinda.
> O papai tá me chamando.
> Minha mãe, eu não posso ir ainda.
> Oi, Pirapora, em Barueri.
> Oi, Pirapora, em Barueri.
> Quem tem dinheiro vai,
> quem não tem, que fique aqui.
>
> A gente cantava muito essa, e batia na palma da mão. E um bumbo no meio. Isso ia embora a noite inteira e a poeira levantava mesmo. Além da comida, era muita comida. As tias puxavam as rezas e cozinhavam. Era tudo quituteira. Eu era moleque e me lembro. Os pés todos cheios de terra. E tinha as rezas. A gente rezava e agradecia aos santos e aos orixás. (Fernando Penteado, depoimento concedido em 10/06/2016)

Não por acaso, as religiões afro-brasileiras tinham, nos sambistas, importantes aliados para penetrar em todos os setores da vida cotidiana, permitindo estabelecer uma ligação por meio da música com a ancestralidade e a identidade cultural e musical coletiva e individual:

> Fica clara a tão importante participação da religiosidade negra na formação da identidade musical brasileira, ao mesmo tempo que esta última reflete, no convívio religioso, momentos de lazer e alegria. Sendo o Candomblé uma religião em que o indivíduo busca o axé, energia de troca em comunidade, o samba, como a música em geral, desenvolve papel central neste jogo de câmbio. Sendo a roda sagrada ou profana, com ou sem a participação direta dos orixás, o princípio religioso se mantém o mesmo, onde a vida floresce a cada verso, renasce a cada palma e transborda a cada umbigada. (ARAÚJO; DUPRET, 2012a, p. 62)

Fernando Penteado também afirma que o bumbo, hoje representado nas baterias das escolas de samba por outros instrumentos, como o surdo de primeira, tem um significado sagrado por marcar o andamento do desfile e representar a presença dos deuses ancestrais na comunidade.

> Aqui na escola, todo o gestual representa o orixá. É só você firmar o pensamento. Nossa divindade começa pelo som do bumbo, o surdo representa o rum — o atabaque maior que toca para os orixás. A base do nosso toque é ijexá. Quando a nossa bateria começa a tocar, já é para eles. O primeiro toque já representa que o orixá está aqui. Se você entra aqui na quadra, você já está protegido pelos nossos orixás. Na hora que dá a primeira batida no surdo, toda a escola já está em proteção. (Fernando Penteado, depoimento concedido em 10/06/2016)

A presença do bumbo, instrumento que confere uma característica própria ao samba e às escolas de samba de São Paulo, é um diferencial em relação à musicalidade encontrada no Rio de Janeiro, considerado como o berço das escolas de samba.

> Se, no Rio de Janeiro, as influências urbanas deram novas feições ao samba, em São Paulo o contexto de transformação dos batuques negros foi outro, e o samba paulista manteria características diversas das da vertente carioca até meados do século xx, com o samba de bumbo. Essas diferenças "evolutivas" refletem-se na criação das escolas de samba no Rio de Janeiro e em São Paulo de maneiras distintas, culminando na sobreposição das características cariocas a partir da imposição do regulamento carnavalesco do Rio, no contexto paulistano, em 1968. Até então, as agremiações paulistanas carnavalescas mantinham características inerentes ao universo do samba-rural (ou de bumbo), cultivado nas antigas festas religiosas no interior e na capital do estado paulista. (SODRÉ, 1979, p. 36)

A respeito do ritmo, é significativo registrar que, no passado, a maioria das baterias das escolas de samba reproduzia ritmos (toques) dedicados a determinado orixá: Jiká (Ogum), Batá (Xangô), Agueré (Oxóssi), Ijexá (Oxum, Oxalá e outros), Ilú (Yansã), Opanijé (Obaluayê), entre outros.

Para cada orixá, havia um ritmo, uma cantiga, uma dança, provocando movimentos de saudação e reações emocionais. A musicalidade teria também a função de apelar às divindades, por isso o som ritual busca a perfeição. O mesmo cuidado é tido na concepção dos sambas-enredo.

> A influência religiosa se estendeu às características rítmicas de cada escola. Luís Fernando Vieira, que coletou e publicou em livro os sambas da Estação Primeira de Mangueira, menciona um testemunho dessa relação: "A bateria, sempre acompanhando a marcação do ponto do santo da escola, Oxóssi (São Sebastião), trazia como principal característica a pancada do surdo grande (maracanã), dada desde o primeiro desfile pelo marcador Lúcio Pato". (VIEIRA, 1998, p.15 apud CENTRO CULTURAL CARTOLA, 2007, p. 68).

Já em São Paulo, Osvaldinho da Cuíca argumenta que o batuque das agremiações carnavalescas sofreu muito mais influência da Umbanda, por ter sido inicialmente mais praticada na capital paulista, do que no Rio de Janeiro, onde as escolas de samba tiveram maior influência da macumba e do Candomblé.

O Candomblé é mais africano, embora ele seja mais rico, ele tem oito ritmos diferentes ou nove, ele tem suas batidas diferenciadas, que foram influenciar o samba do Rio de Janeiro. Foi a batida ligeira, o ouro-de-congo ou congo-de-ouro, que influenciou os sambas-enredo. A lenta, por exemplo, foi influenciar no samba tipo Martinho da Vila, como o "Batuque na Cozinha", de João da Baiana, gravado por Martinho. Essas vertentes são complicadas para quem não entende, mas o Candomblé teve forte presença no Rio através das tias baianas, a mais famosa delas é a Tia Ciata. [...] Você tem o João da Baiana, que era macumbeiro, então era ogã. [...] Então, a Umbanda, que só tem uma batida, ela permaneceu até hoje no samba--rural, ela é uma batida mais ou menos assim: tum, tumlucuntum, tum. Essa batida gerou o que você vê no samba de Pirapora. É assim, a batida do bumbo. Lá é muito pesada, porque era muito bumbo e muita coisa pesada. Além da caixa, do repique e do ganzá, era usado o bumbo. (CUÍCA apud BARONETTI, 2015, pp. 236-7)

Assim encerramos um breve vasculhar no acervo das matrizes africanas, acessando as "similitudes" de variadas linguagens que resistem em um percurso de tensões e movimentos constantes. Com relação às africanidades, proponho um olhar desfragmentado na reflexão sobre a presença das religiões no contexto das manifestações culturais afro-brasileiras.

A seguir, apresento o resultado da pesquisa sobre o modelo encontrado na escola de samba Vai-Vai, que mantém uma tradição que lhe permite transformar o terreiro de samba em um terreiro sagrado de orixás.

2

VAi-VAi, UM TERRITÓRIO NEGRO

A presença dos símbolos do Candomblé no dia a dia da escola de samba Vai-Vai torna bastante particular a vivência religiosa que envolve toda a comunidade na devoção aos orixás que ali são cultuados. Vamos adentrar um território negro do bairro do Bixiga ou, simplesmente, o terreiro da Vai-Vai, onde definitivamente se instalou uma tradição, floresceram famílias negras e criaram-se sambas-enredo, procissões carnavalescas e os cultos a Exu, o dono da encruzilhada, e a Ogum, o senhor das batalhas.

Mas o que quer dizer "terreiro de samba"? A resposta foi dada pelo diretor de harmonia da Vai-Vai, Fernando Penteado:

> Terreiro de samba são as escolas de samba. No começo, eram terreiros de samba; depois passamos a chamar de quadra de escola de samba, com esse sentido. Hoje, nós temos as fábricas de samba [onde montam as alegorias e carros alegóricos], que para mim sempre vai ser o barracão. Eu não acostumo. Para mim, é barracão. É aí que perde a tradição. O barracão representava a senzala. [...] Eu, graças a Deus, vivi muito tempo de terreiro de samba. Antigamente, a casa das quituteiras, a gente chamava de terreiro de samba. Geralmente, às segundas-feiras, elas se reuniam uma na casa da outra para trocar receita, faziam uma comida para a outra. Não existia bufê, tudo era feito pelas quituteiras. Elas trabalhavam no final de semana. Segunda-feira era folga, não tinha festa. Minha avó era uma quituteira. Os negos velhos, os maridos, os filhos, também ficavam por perto, para comer uma coisinha. Aí vinha alguém com violão de sete cordas, com cavaco, com pandeiro e aí se formava uma roda de samba, e aí rolava

o samba-de-terreiro noite adentro, tudo isso no quintal, no chão batido, na beira do fogão de lenha. Era no bairro da Casa Verde, na casa da Dona Maria. Fora isso, tinha a casa do Seu Carlão do Peruche. Terreiro de samba do Zé Soldado, na Vila Mariana, e outro terreiro de samba que era no Largo da Banana. É bom falar isso, porque vejo muitos jovens falando em samba-de-raiz, como se estivessem inventando. Terreiro da Babá Tereza, lá era um terreiro de Umbanda e um terreiro de samba, em Guarulhos. (Fernando Penteado, depoimento concedido em 03/08/2017)

2.1 BIXIGA: BAIRRO NEGRO DE NASCIMENTO E TERRITÓRIO NEGRO EM MOVIMENTO

Terreiros de samba, terreiros de Candomblé, irmandades negras e espaços que sediam expressões da cultura afro-brasileira constituem territórios negros, que contêm histórias de exclusão, mas também de construção de singularidades e de elaboração de um repertório comum (ROLNIK, 1989, pp. 29-41). Raquel Rolnik relaciona o papel desempenhado pelo corpo do escravizado na transmissão e na ritualização da memória coletiva, que transformou o pátio da senzala, espaço de segregação e controle, em terreiro, local de celebração comunitária e elemento estruturante do que chamou de territórios negros:

> Um dos suportes mais sólidos desse repertório negro foi, desde a senzala, o próprio corpo, espaço de existência, continente e limite do escravo. Arrancado do lugar de origem e despossuído de qualquer bem ou artefato, era o escravo portador — nem mesmo proprietário — apenas de seu corpo. Era através dele que, na senzala, o escravo afirmava e celebrava sua ligação comunitária; foi através dele, também, que a memória coletiva pôde ser transmitida, ritualizada. Foi assim que o pátio da senzala, símbolo de segregação e controle, transformou-se em terreiro, lugar de celebração das formas de ligação da comunidade. A partir daí, o terreiro passou a ser um elemento espacial fundamental na configuração dos territórios negros urbanos — são terreiros de samba, de Candomblé, de jongo, que atravessam a história dos espaços afro-brasileiros nas cidades. (ROLNIK, 1989, p. 2)

Localizado no centro de São Paulo, o bairro do Bixiga — onde há 91 anos se ouvem os tambores da escola de samba Vai-Vai — está marcado como um território negro desde suas origens, quando era conhecido como Campos do Bixiga.

Inicialmente, a região do rio Saracura, que se estendia até o espigão da avenida Paulista (Alto do Caagaçu), era ocupada por vastas plantações e chácaras, que após a abolição da escravatura deram lugar aos arruamentos e terrenos. A área era dividida por dois largos: Piques e Bixiga. Nas primeiras décadas do século XVIII, o Largo do Piques abrigou um leilão de escravizados. A partir da segunda metade do século XIX, a região passou a ser procurada por um grande contingente de escravizados fugitivos. De acordo com Rolnik, o bairro se originou a partir da formação do quilombo urbano do Saracura. Eram cômodos e casas coletivas no centro da cidade ou núcleos semirrurais:

> as roças das periferias urbanas, bastante semelhantes ao que são hoje as roças de periferia dos terreiros de Candomblé nas cidades. Núcleos negros importantes nasceram desse tipo de configuração; é o caso, por exemplo, do bairro do Bixiga, em São Paulo. (ROLNIK, 1989, p. 4)

Na virada do século, a chegada de milhares de imigrantes estrangeiros provocou uma transformação profunda na cidade de São Paulo, significando o embranquecimento de sua população e uma intensa redefinição territorial.

> Em 1893, os imigrantes já constituíam 80% do pessoal ocupado nas atividades manufatureiras e artesanais, que cresciam com a expansão industrial da cidade. Assim, os novos bairros proletários que surgiram na cidade nesse período eram, em sua maioria, habitados por imigrantes estrangeiros, com exceção do Bixiga e da Barra Funda, que, por razões peculiares, abrigavam núcleos negros também: o Bixiga, em função do núcleo preexistente do Saracura e, posteriormente, devido à proximidade da avenida Paulista e arredores, novo território burguês da cidade; a Barra Funda, em função da existência de um armazém da Estrada de Ferro — o Paulo Chaves — fonte de trabalho ocasional dos capoeiras ou valentões, que al-

> ternavam o serviço na Estrada de Ferro com o carregamento de café no Porto de Santos, quando não havia trabalho na capital. No início do século, Lavapés e Barra Funda eram as regiões mais negras da cidade. Em suas habitações coletivas, moravam as tias negras e seus clãs, que praticavam o jongo, macumba ou samba-de-roda como extensões da própria vida familiar; pouco a pouco, esses batuques familiares foram se transformando em cordões de Carnaval. Os dados de 1890 já revelam o perfil branco dos bairros proletários. (ROLNIK, 1989, p. 6)

A partir de 1878, já como Bixiga, o bairro teve suas áreas loteadas e adquiridas em sua maior parte por italianos calabreses, que o ocuparam maciçamente, passando a concorrer em presença demográfica e cultural com a população negra, que permaneceu no bairro após a abolição, desempenhando atividades subalternas.

A imigração italiana trouxe para o bairro uma nova cultura, que resultou na mais marcante diversidade paulista. Os imigrantes eram homens simples: artesãos, sapateiros, alfaiates, carpinteiros, jardineiros etc. Os negros viviam de pequenos biscates, serviços domésticos, tarefas manuais, trabalhos braçais, ocupando moradias pouco dignas, disputando espaço nas festas religiosas e ocupando as ruas do bairro. Na parte baixa do Bixiga, nas proximidades da região do rio Saracura, fixaram-se as famílias negras e mais pobres, enquanto, nas proximidades do centro da cidade, os lotes eram comprados pelos italianos, que construíam seus casarões com cômodos e porões, formando vilas, cortiços e moldando uma arquitetura característica ao bairro.

Os descendentes de escravizados e de libertos resistiram de todas as formas ao racismo e ao lugar de subalternidade imposto. Ao estudar a presença e as influências de uma coletividade negra no local, Castro (2008) caracterizou o bairro do Bixiga como *afro-italiano*.

Mas, sem dúvida, depois dos calabreses, o grande contingente numérico será o de negros, que ocuparam majoritariamente aquilo que será conhecido por muitos anos como o quadrilátero negro ou da Saracura, formado pelas ruas Rocha, Almirante Marques Leão e Una. Exatamente, os logradouros que determinam espacialmente, ainda hoje, os ensaios da escola de samba Vai-Vai, localizada na rua Cardeal Leme, bem no coração deste território, que tem como base do quadrado a avenida Nove de Julho. Apesar de concentrada majoritariamente no quadrilátero, a presença do grupo sempre extrapolou o território formado por inúmeros cortiços, dos quais atualmente restam poucos. É curioso observar que a presença da comunidade negra historicamente é tão grande na região que duas ruas terão seus nomes marcados por essa influência. Serão elas as ruas Abolição e Treze de Maio. (CASTRO, 2008, p. 60)

Em depoimento para este livro, Dona Agda da Silva Mello,[1] integrante da Vai-Vai por mais de 40 anos, disse que morou com a família em um cortiço conhecido como Navio Negreiro, por ser ocupado apenas por famílias negras. Ela nasceu no bairro e foi casada com Paulo Mello, que presidiu a escola entre 1991 e 1993:

> Sou nascida e criada na rua Treze de Maio. Meu pai, Francisco Florêncio da Silva, era guarda civil. Minha mãe era Maria Ferreira, nós éramos seis irmãos. Eram muitos italianos e negros aqui na Saracura. Nós morávamos num cortiço na rua Treze de Maio que era conhecido como Navio Negreiro. Eram 32 famílias negras vindas das cidades do interior. Tinha muita gente de Campinas. Tinha sempre muita alegria e muito samba. Ensaiavam e faziam samba. Todos os homens, sem tirar, faziam parte da Vai-Vai, que nem era escola ainda. Não tinham esses instrumentos todos. Eles tocavam cavaco, pandeiro, bumbo e frigideira. Frigideira mesmo, de cozinha. (Agda da Silva Mello, depoimento concedido em 10/6/2016)

Os italianos, bem-sucedidos, chegaram das fazendas de café do interior paulista, compraram terrenos no bairro e construíram seus casarões, cujos cômodos e porões passaram a ser alugados por preços acessíveis às famílias negras e aos conterrâneos. Os cortiços foram assim se constituindo como habitações comuns aos negros e aos italianos pobres. Como a região era considerada menos nobre, os italianos que conseguiam prosperar mudavam-se para outros pontos da cidade.

---

[1]   Dona Agda faleceu em 24/08/2017.

> Quando conquistavam alguma ascensão social, partiam para outras regiões consideradas mais nobres, como, por exemplo, o bairro do Brás, na época. Os negros, habitantes originais do local, normalmente permanecem no bairro, morando nos cortiços, cujos proprietários eram os italianos. (BORGES, 2001, p. 93)

Em *Axé, madona Achiropita!: presença da cultura afro-brasileira nas celebrações da Igreja de Nossa Senhora Achiropita, em S. Paulo*, Rosangela Borges observa que, apesar de os aspectos da cultura afro-brasileira muitas vezes serem vistos como algo sem grande importância para o processo de construção histórica do Bixiga e de seus moradores, ao serem comparados aos da cultura italiana, esses aspectos sempre estiveram presentes no bairro.

> Os italianos trouxeram para o bairro as cantinas, com suas massas, molhos e tarantelas, a Santa Achiropita; [...] os negros trouxeram as rodas de samba, que até hoje rompem as madrugadas e arrancam delírios, principalmente nos desfiles da escola de samba Vai-Vai. (BORGES, 2001, p. 95)

Bem antes da chegada da padroeira, Santa Achiropita, era realizada a Festa de Santa Cruz, a festa do Catolicismo local, comemorada predominantemente pelos negros, e que não resistiu à chegada da Nossa Senhora dos italianos. Até a década de 1940, ela era celebrada em 3 de maio, dia de Santa Cruz, com batuques e danças pelo bairro. A devoção teria nascido após um sapateiro, José da Ponte, erguer um cruzeiro, instalando ali uma cruz preta que ele próprio teria retirado das águas do rio Anhangabaú, na altura da Baixada do Piques.

> Não seria abuso apontar — apesar da escassez de dados sobre o assunto — para a possibilidade da Festa de Santa Cruz ter sido o ponto de origem da presença da cultura afro-brasileira no bairro, apresentadas nos cordões carnavalescos, na escola de samba Vai-Vai e, mais recentemente, nas celebrações da Igreja Nossa Senhora Achiropita com elementos da cultura afro-brasileira, trabalho assumido, desde 1989, pelo grupo Pastoral Afro. Neste contexto, é importante enfatizar que o samba, antes de fazer parte

dos desfiles de Carnaval, sempre resultou espontaneamente no ambiente festivo das datas religiosas cultuadas pelos negros. (BORGES, 2001, p.109)

Borges acredita que o fim da Festa de Santa Cruz não teria significado um enfraquecimento das manifestações culturais da população negra no bairro, na medida que essas manifestações encontraram outras possibilidades de permanência, reaparecendo de forma revigorada em novas práticas culturais.

Em *Bixiga: um bairro afro-italiano*, Marcio Sampaio de Castro (2008) demonstra como os calabreses não apenas conseguiram impor a sua santa (Achiropita), como também ocuparam extensivamente as cercanias, em detrimento de outros grupos. Uma marca tão forte que quase apagou os rastros dos demais. Para ele, a chegada da Santa Achiropita teria determinado o fim da festa dos negros em devoção à Santa Cruz.

Até então, a rua Treze de Maio era conhecida como rua Celeste, local de vários cortiços habitados por descendentes e ex-escravos, que comemoravam ali a data da Lei Áurea em uma capela no Largo São Manoel, na chamada Festa de Santa Cruz. Com a demolição da capela, um pouco antes da Primeira Guerra Mundial, as comemorações passaram a se realizar na atual Treze de Maio, aí a origem do nome (GONTIER, 1990, pp. 37-8). A festa de Santa Cruz era uma reminiscência da São Paulo colonial. Marcada por fogos de artifício, folguedos e batuques, que tinha o Largo do Piques como ponto de concentração, perduraria até os anos 1940, quando seria definitivamente substituída pela festa de Achiropita, como referência de celebração religiosa no Bixiga. (CASTRO, 2008, p. 70)

Ao reconstruir a trajetória do negro dentro do Bixiga, Castro definiu o bairro como "o maior território negro da cidade de São Paulo", após visitar a Pastoral Afro, o Bloco Afro Oriashé e a escola de samba Vai-Vai. Ainda que o foco de sua pesquisa não fosse a abordagem religiosa, ele colheu importantes depoimentos de antigos moradores sobre a repressão aos cultos afrorreligiosos e até aos sambistas da Vai-Vai, em época de ensaio, entre os anos de 1950 e 1960.

Entre os depoimentos coletados por Castro, destaca-se um trecho da fala de Flávio Antônio da Silva Neto, professor de História da Universidade Federal do Mato Grosso. Nascido em um cortiço, criado pela mãe, ele descreveu as dificuldades enfrentadas por um menino negro morador de um local em que a casa se resumia a um único quarto e o banheiro era compartilhado entre várias famílias. "Havia um chuveiro coletivo. Saía briga até para tomar banho." Ao ser questionado sobre os conflitos raciais que teria presenciado, Neto relembrou a perseguição e a repressão às práticas religiosas e ao samba:

> Desde que me lembro, minha mãe frequentava o Catolicismo e o Omolo-cô, uma espécie de Candomblé de Caboclo que havia ali no bairro. Para nós, não havia contradição. Domingo, estávamos na missa, comungáva-mos às vezes, e as quartas e sextas-feiras, estávamos na gira. Mas eu vi, algumas vezes, a polícia invadir o terreiro, quebravam tudo. Quebravam os atabaques e destruíam as imagens. Em que lugar ficava o terreiro? Na rua Conselheiro Ramalho. Inclusive, o terreiro era num cortiço no sub-solo de uma casa decadente de classe média. A violência policial ocorria no terreiro, provavelmente, a partir do pedido de algum vizinho. [...] Eu vi também, muitas vezes, a escola de samba ser reprimida. A Vai-Vai ensaia-va nos anos de 1960 na rua. Faziam questão de pisar nos surdos, amassar os agogôs, com fúria. (SILVA NETO apud CASTRO, 2008, pp. 68-9)

Esse depoimento indica tensões nas relações entre brancos e negros na for-mação do bairro do Bixiga. Em seus estudos sobre a formação da escola de samba Vai-Vai, Reinaldo da Silva Soares[2] também destacou esse aspecto no contato entre a população negra e os italianos.

> A pretensa relação harmoniosa entre negros e imigrantes, que ainda hoje perpassa tanto os discursos dos vaivaienses quanto o dos descendentes ita-lianos, parece ter sido uma tradição inventada, pois de fato não se tratava sequer de relação de tolerância relativa. (SOARES, 1999, p. 91)

---

2 *O cotidiano de uma escola de samba paulistana: o caso do Vai-Vai* é uma dissertação de mestrado defendida em 1999 no Programa de Pós-Graduação em Antropologia Social da Faculdade de Filosofia, Letras e Ciências Humanas da USP, que aborda a constituição e a estrutura da agremiação, discutindo a relações étnico-raciais e o cotidiano de um espaço de sociabilidade de uma maioria negra na cidade de São Paulo.

Na região central, o Largo do Rosário, atualmente praça Antônio Prado, constituiu um dos principais territórios negros da cidade, onde a população negra realizava "batuques e as danças em ritmo africano" por ocasião das festas religiosas. Ali, no início do século XVIII, a Igreja de Nossa Senhora do Rosário foi construída pela Irmandade Nossa Senhora do Rosário dos Homens Pretos. Fundada em 1711, a Igreja de Nossa Senhora do Rosário foi considerada a principal de São Paulo. No terreno da igreja também havia um cemitério e pequenas casas nas quais os negros libertos desenvolviam atividades comerciais. No início do século XX, com a política de modernização da cidade que tinha como um de seus objetivos afastar a população negra da área central, a igreja foi desapropriada. A nova igreja da Irmandade foi construída no Largo do Paissandu, sendo inaugurada em 15 de abril de 1906 (BORGES, 2001, p. 97).

No século XIX, as festas em louvor a Nossa Senhora do Rosário, realizadas no dia 6 de janeiro pela Irmandade Nossa Senhora do Rosário dos Homens Pretos, constituíam ocasiões em que a população negra surgia em procissão pelas ruas centrais, com seus trajes, adereços e sonoridades característicos.

> No espaço das ruas e largos, no dia a dia, entremeando trabalho com lazer, ou em locais camuflados, longe dos olhos das autoridades, na área citadina mais do que em qualquer lugar, o contingente negro — cativo e forro — podia, por meio da capoeira, com batucada e cantoria, em dias de festas religiosas ou de rituais fúnebres, manifestar sua origem cultural africana e também ampliar os relacionamentos interpessoais e intergrupais. (BORGES, 2001, p. 97)

Nas cerimônias fúnebres, havia rituais sincréticos e a presença de elementos do Candomblé associados às irmandades. Gabriel Marques descreveu um ritual de sepultamento que reuniu babalaôs e babalorixás junto à igreja do Rosário.

> Os sepultamentos só se davam a horas mortas e com ritos de arrepiar. Babalaôs e babalorixás tomavam parte saliente das solenidades. Exu devia

estar presente. Xangô também. Mal alumiados por fachos crepitantes, lá carregavam o morto do interior da igrejinha para a beira da cova, ali mesmo ao pé do templo (quando os sepultamentos começaram a ser realizados fora da igreja). Sempre um dos mais entendidos puxava o "ponto" de Candomblé e depois os outros, em uma ladainha arrastada e lúgubre, se punham a cantar, soturnamente, ao ritmo sincopado e rouco das mãos de pilão que iam socando, socando o defunto — pan! pan! pan! — sobre o qual as mãos pretas atiravam, com gestos rápidos, grandes punhados de terra. (MARQUES apud BORGES, 2001, p. 99)

E, assim, os negros iam ganhando as ruas com suas manifestações sagrado-profanas, em procissões católicas, celebrando seus santos, em rituais fúnebres e até em ritos secretos, dentro das próprias igrejas, longe dos olhos dos padres, como o que aconteceu com membros da Irmandade de São Benedito em uma igreja do Largo São Francisco:

> Os negros assistiam às cerimônias católicas, a igreja era aberta a todos. Acontece que, à noite, terminado o culto católico, o pessoal da irmandade realizava, às escondidas, sessões de Candomblé dentro da igreja. Os negros sempre tiveram mais de uma religião. Acontece que o arcebispo de São Paulo, na época, ficou sabendo. Foi lá e expulsou o pessoal da irmandade e fechou a igreja. (CUNHA, 20/9/1997, fita n. 5 apud BORGES, 2001, p. 100)

De acordo com Raquel Rolnik, os espaços das irmandades religiosas negras e os mercados constituíram outros pontos do território negro urbano. As irmandades funcionavam como ponto de agregação. Muitas delas, como a Confraria dos Remédios, engajaram-se na campanha abolicionista, articulando quilombos rurais às sedes de apoio urbanas.

> Eram nos mercados que os vendedores e as negras de nação, quituteiras, se espalhavam pelos espaços públicos da cidade; ali também se situavam os ervanários africanos, fundamentais para as práticas curativas dos pais de santo e as obrigações de seus filhos. (ROLNIK, 1989, p. 4)

O território negro da Vai-Vai se formou historicamente como lugar de samba e de religião. Os batuques também reuniam as famílias negras em outros redutos da cidade. Havia sessões de Umbanda, Candomblé, rodas de samba e muita comida feita pelas tias quituteiras. Os encontros eram chamados por elas de "batuques nos sambas-de-terreiros", e geralmente ocorriam nos fundos de quintais de chão de terra batida, reproduzindo a confraternização das festas de Pirapora.

> O samba-de-terreiro era cantado até para a sustentação dos pretos-velhos; era só batido na palma da mão. Era aquele samba-de-terreiro mesmo, que a gente cantava para os pretos-velhos quando incorporavam. Os quintais todos eram de terra. Os sambas aconteciam ali, no chão de terra. Tudo o que é nosso é com o pé no chão. No terreiro. Tudo que é do negro tem que ter pé no chão: vem do Aiyê (terra), sobe para o orí (cabeça) e vai para o Orum (céu). O samba-de-terreiro era dentro do terreiro de Umbanda. Era um samba que tinha comida de santo. Quando alguém dizia "lá vai ter batuque", a gente já sabia que ia todo mundo para lá. (Fernando Penteado, depoimento concedido em 10/06/2017)

2.2 CORDÃO VAE-VAE: BATUQUE, SAMBA E PROTEÇÃO

Em São Paulo, o primeiro cordão de que se tem registro chamou-se Cordão Camisa Verde, oriundo do Grupo Carnavalesco Barra Funda, que, por sua vez, foi fundado em 1914 por Dionísio Barbosa. Figura lendária da história das escolas de samba de São Paulo, Barbosa era um admirador do Carnaval do Rio de Janeiro e contava com um grupo de assíduos apoiadores formado por sambistas de terreiros e jogadores de pernada, uma espécie de samba-no-pé parecido com a capoeira.

Em 1885, teria ocorrido a primeira intervenção da prefeitura de São Paulo no Carnaval, promovendo o primeiro desfile carnavalesco dos cordões existentes na época (CRESCIBENI, 2000, passim). Nas primeiras décadas do século XX, durante o Carnaval, os cordões saíam às ruas da cidade em cortejo, misturando choro e batuque. As pessoas que os acompanhavam cantavam seus hinos de exaltação ou as marchas da época. Encontros de cordões inimigos nas ruas resultavam, por vezes, em brigas (BORGES, 2001, p. 110). Por um longo período, eles definiram a musicalidade da população negra e operária. Foi, portanto, nos cordões que se desenvolveu o samba paulistano.

Na década de 1930, o time de futebol do Bixiga, o Cai-Cai, além das peladas, promoveu as rodas de batuques e choro que deram origem à escola de samba Vai-Vai. O Cai-Cai era comandado por um habilidoso jogador chamado Vítor, que também tinha um grupo musical que tocava polca, marchinhas e valsa. Um dos fundadores do Vai-Vai, Seu Livinho, fazia parte do time e costumava frequentar as festas e reuniões acompanhado de sua turma — Fumaça, Tino (compositor), Guariba (compositor), Lolo, Osvaldo, Salim, Sardinha, Charuto, Geribá, Dona Castorina, Dona Iracema e Dona Sinhá —, cujos integrantes logo ficaram conhecidos como "os penetras", pois, em geral, não eram convidados.

Cansados das peripécias da turma de Livinho, Vítor e outros participantes do Cai-Cai expulsaram os companheiros de uma das festas com a frase que, posteriormente, originaria o nome do cordão carnavalesco: "Vaimbora daqui, vai, vai, que aqui ceis num entram".

> Livinho, então, saiu do Cai-Cai e, junto com sua turma, formou o time de futebol Vai-Vai. O grupo era formado por pessoas que gostavam de samba, futebol e só queriam curtir a vida. Naquela época, os cordões carnavalescos já faziam sucesso, misturando o choro e o batuque para animar o cortejo que começava a tomar forma. Foi em 1930 que Livinho, Benedito Sardinha e seus companheiros decidiram montar o Bloco dos Esfarrapados, que sairia por muitos anos da própria casa de Sardinha, na rua Rocha, nº 547, em frente ao campo do Luzitana. No ano seguinte, no dia 1º de janeiro de 1931, além do bloco, "os penetras" decidiram fundar o Grupo Carnavalesco Vae-Vae [Vai-Vai] e escolheram as cores preta e branca, provavelmente como afronta ao Cai-Cai, que usava as mesmas cores. No primeiro desfile, alguns trajavam roupas que imitavam marinheiros. (ALEXANDRE; VAI-VAI, 2003, p. 20)

Sem local próprio, o grupo se reunia na sede do time de futebol, um campo de várzea chamado Elite, e no bar do Neno, onde seus membros também se encontravam para batucar um samba. Ambos se situavam no Largo São Miguel, próximo às margens do rio Saracura, que recebeu o nome por abrigar, na região em que atualmente se localizam as ruas Rocha, Uma e Rui Barbosa, uma grande quantidade de aves dessa espécie. Os instrumentos ficavam na casa de Sardinha, na rua Rocha, local de onde, por vários anos, o cordão saiu para desfilar. Foi assim até que o primeiro presidente do Cordão Vai-Vai, Sebastião Eduardo do Amaral, o Pé Rachado (1913-1990), alugou a primeira sede do grupo, uma casa na rua 14 de Julho.

O cordão não tinha enredo, alegoria ou organização. Seus integrantes cantavam apenas músicas de sucesso, com quatro versos, além de trechos de sambas alusivos. O Vai-Vai foi o primeiro cordão a apresentar um carro alegórico no Carnaval. Em sua estreia, teve como alegoria um navio. No segundo ano, o tema foi Aleijadinho. Ambos os carros foram elaborados por Armando Puglisi, o Armandinho do Bixiga, que, mais tarde, em 1967 e 1968, se tornaria presidente do grupo.

Em São Paulo, entre as décadas de 1910 e 1930, quando começaram a se organizar os primeiros agrupamentos negros como cordões carnavalescos, estes disputavam espaço nas ruas com a elite branca, com suas sociedades, blocos e elegantes corsos. Essa disputa pelas ruas acontecia durante os folguedos e, muitas vezes, fora dele. Com pouco dinheiro para realizarem suas festas, as primeiras organizações não tinham local definido para os ensaios, sede própria para guardar os instrumentos, nem mesmo um espaço para os desfiles. Além disso, havia muita perseguição e repressão policial.

O jeito era sair pelas ruas do bairro, conquistar a comunidade branca e, inclusive, as autoridades policiais. No trajeto dos cordões era sempre incluída a passagem pela Delegacia Central (SIMSON, 2007, pp. 193-8), no Pátio do Colégio, para uma "reverência" exclusiva aos delegados, que assistiam da sacada do prédio as evoluções. Tratava-se de uma estratégia bem pensada, dentre as diversas negociações que os sambistas tinham que realizar para conquistar espaço na cultura carnavalesca.

No Bixiga, a busca pela integração com os moradores era constante. É tradição, até hoje, seus integrantes percorrerem as ruas do bairro em cortejo, como uma mistura de agradecimento, demonstração de pertencimento ao território e ocupação do espaço urbano. O trajeto percorrido era sempre pelas ruas Rocha, Marques Leão e Rui Barbosa, antes de seguir para o desfile oficial no centro da cidade. Além disso, na época do cordão, constituía uma forma de obter recursos financeiros para a organização dos desfiles (SIMSON, 2007, p. 139). Era comum seus membros percorrerem o comércio local com a intenção de obter ajuda, com os chamados "livros de ouro", "passar bandeira" e "bater taça", iniciativas constantemente reprimidas de forma violenta pela polícia (SIMSON, 2007, p. 197; BARONETTI, 2015, p. 112).

Integrantes da Vai-Vai reconhecem a colaboração de alguns vizinhos imigrantes, que faziam doações para que o grupo conseguisse participar das Festas de Momo. Nos dias de Carnaval, os cortejos acabavam se tornando uma atração no bairro.

> A Vai-Vai, no começo, não tinha terreiro. Não tínhamos sede. O terreiro da Vai-Vai era a Bela Vista inteira. A gente saía com o samba na rua, passava pelos comerciantes, davam um agrado, as mamas faziam polenta, macarronada, a gente comia e saía pelas ruas cantando. Os instrumentos ficavam na casa de alguém, que guardava. (Fernando Penteado, depoimento concedido em 03/08/2017)

Muitas vezes, a passagem do cordão carnavalesco se transformava em visitas "semelhantes àquelas realizadas pelos participantes das Folias de Reis aos presépios natalinos", o que sensibilizava a bagagem cultural e remetia a memória dos moradores aos festejos carnavalescos europeus. Ao passarem pelas casas, os sambistas sempre recebiam um agrado em dinheiro ou deliciosas iguarias.

> Dona Iracema, uma das folionas fundadoras do Vai-Vai, relatou: "Os comerciantes da Marques Leão, aquela italianada, casa de família, mesmo sem ser comerciantes, elas davam. Vinha um, dava um tanto; vinha outro, dava um tanto para ajudar o Vai-Vai. Davam para gente passar com o cordão na porta. [...] Tinha aquelas casas que dava comida, punha aquela mesa de doce". (SIMSON, 2007, p. 192)

Figura 2. Desfile do Cordão Vai-Vai, em 23 de fevereiro de 1966. Fonte: Agência Estado.

Até 1968, quando aconteceu a oficialização do Carnaval de São Paulo, o Vai-Vai figurava ao lado dos cordões Camisa Verde e Branco e Fio de Ouro entre as principais agremiações da cidade. Eram três cordões e 30 escolas que constituíam duas categorias de concurso: cordões carnavalescos e escolas de samba. O Cordão Vai-Vai teve como presidentes Sebastião Eduardo do Amaral (Pé Rachado), Romualdo, Sabino Leonardo, Armandinho Puglisi e Ângelo Fazanela.

Na história das escolas de samba de São Paulo, Crescibeni (2000) aponta a década de 1920 como o período de aparecimento do primeiro esboço desse tipo de organização, ainda muito ligada às grandes sociedades que festejavam na região da avenida Paulista. Foi uma turma de escoteiros que, em 1925, formou um primeiro grupo para desfilar. O registro da primeira escola de samba só vai acontecer em 1931, com a apresentação da Primeira de São Paulo, que começa a inspirar a formação de outras entidades nos mesmos moldes. Até 1967, o Carnaval da cidade contava com desfiles oficiais de blocos, corsos, ranchos, cordões e escolas de samba.[3]

Em 1967, o prefeito José Vicente Faria Lima — carioca, nascido em Vila Isabel e apreciador de samba —, ao se reunir com representantes dos sambistas, exigiu uma organização melhor das agremiações para que o diálogo com o poder público tivesse mais representação, incluindo documentação, programação de desfiles, cordenação do concurso e apoio financeiro para melhorar o espetáculo, que a cada ano se tornava mais popular.

Assim, com o apoio de dois radialistas conceituados, Moraes Sarmento e Evaristo de Carvalho, concretizou-se o que ficou denominado como oficialização do Carnaval. Evaristo foi pessoalmente ao Rio de Janeiro, onde conseguiu com a associação do Carnaval carioca todas as orientações, incluindo cópia do regulamento, sobre como proceder com o Carnaval de São Paulo.

Por volta de 1966, o cordão desfilou pela primeira vez com um enredo, ou seja, um tema único para o desfile, deixando de cantar variadas músicas durante a apresentação e optando por um samba exclusivo para o tema, o samba-enredo; e se apresentou com parte da escola dividida por comissões ou alas. Surgiu o mestre-sala acompanhando a porta-estandarte, formando, a partir de então, o casal de mestre-sala e porta-bandeira. Como resultado, o cordão foi convidado a desfilar na categoria escola, pois a lei n° 7.100/67, destinada a regular a promoção do Carnaval pela prefeitura municipal de São Paulo, regulamentada pelo decreto n° 7.663/68, não contemplava nenhum tipo de apoio aos cordões da época.

2.2.1 Pé Rachado e o axé para o cordão carnavalesco

Como primeiro presidente negro da agremiação, Pé Rachado teria uma importante influência nas tradições religiosas que passaram a integrar as atividades carnavalescas do grupo. Entre elas, a romaria a Bom Jesus de Pirapora, realizada todo mês de agosto até a década de 1940, quando a Igreja Católica demoliu os barracões que abrigavam os sambistas visitantes de várias cidades.

---

3   Sobre o histórico das escolas de samba, blocos e cordões carnavalescos na cidade de São Paulo, ver Simson (2007) e Baronetti (2015).

Mineiro da cidade de Baependy, Pé Rachado foi um dos mais respeitados sambistas da cidade de São Paulo. Ele chegou à capital em 1932, junto com alguns amigos, estabelecendo moradia no bairro do Bixiga. "Pé" tocava bumbo, surdo e caixa de rufo. Após conhecer a turma do Vai-Vai, passou a tocar na bateria do cordão, tornando-se, anos depois, o apitador, o mestre de bateria.

> O primeiro bairro em que ficou foi a Pompeia, num porão onde moravam 13 pessoas. Depois conseguiram outra moradia, onde havia até banheiro, na rua Paim 48, no Bixiga. Ali, viviam muitos negros que se familiarizavam com portugueses e italianos. [...] Por ser batuqueiro, queria tocar na bateria. Fez amizade com o batuqueiro Leco, mas levou dois anos para conseguir o lugar, que só aconteceu em 1934. A partir daí, passou a ser respeitado não só na Bela Vista, como também em todos os redutos de batuque. Em 1948, passou a apitador (mestre) de bateria, cedendo logo espaço para Valter Gomes de Oliveira, Pato n'Água, que se tornou o Rei dos Apitadores. Como era organizado e disciplinado, tornou-se o primeiro presidente oficial do cordão carnavalesco. (URBANO, 2014, p. 165)

Pé Rachado, contudo, não era somente um sambista atuante, ele era também assíduo frequentador de um terreiro de Candomblé na Baixada Santista, no litoral paulista. Desde a década de 1950, tornaram-se conhecidas as excursões promovidas por ele a Aparecida do Norte para pedir proteção à padroeira, assim como as idas ao Candomblé na Baixada, acompanhado

Figura 3. "Lobão, Pé Rachado e Mestre Binha em 1974". Ao centro, Pé Rachado, o primeiro presidente do Cordão. Fonte: Multisamba.

de toda a diretoria da agremiação. A Olga von Simson, Pé Rachado concedeu um depoimento em que explicou o propósito das viagens:

> A diretoria inteirinha em Santos, num Candomblé, para todo mundo passar pelas águas, para ver se ficava uma coisa mais tranquila, porque sempre tem dor de cabeça. (RACHADO apud SIMSON, 2007, p. 207)

Pé Rachado parecia também ser mandingueiro.[4] Dona Iracema, que foi Rainha do Cordão na época, em depoimento, relata que o presidente do cordão, que vivia em "lugares de macumba", apareceu com uma mandinga para que a rainha usasse durante o desfile. "Ele sempre vinha com um negocinho, dava para mim, na mão, uma bonequinha" (SIMSON, 2007, p. 208).

Do grupo fundador da Vai-Vai, outros nomes são lembrados por terem relação com os terreiros de Umbanda e Candomblé. Dona Sinhá era assídua frequentadora dos batuques na casa da madrinha de Fernando Penteado, onde se tocava Umbanda e Candomblé sob o comando do preto-velho Pai Toninho de Guiné. Ainda havia a Dona Eunice, fundadora da Lavapés, que era mãe de santo e comandava reuniões de Quimbanda; e Seu Livinho, o grande incentivador da fundação do Cordão Vai-Vai, era conhecido pai de santo de um terreiro de Umbanda ali mesmo no bairro do Bixiga.

> Os depoimentos dos foliões do Vai-Vai ressaltaram a forte ligação de seus membros com a realização de práticas religiosas. Seu Livinho, fundador do cordão e hoje respeitado pai-de-santo, com tenda montada na Bela Vista, declarou que sempre se preocupou em obter a proteção das entidades sagradas para si próprio e para os companheiros do cordão: "Eu já nasci pai de santo. Sempre eu me cuidava e cuidava dos meus colegas. Antes de ir para o desfile, fazia as orações da gente. Pedia proteção para a gente e para os outro também". Segundo ele, o Vai-Vai não era exceção: os demais cordões também tinham muito cuidado "de se cobrir antes de ir para a

4   "(I) que faz mandinga.//s.m. Mandinga s.f. (I) bruxaria; feitiço, talismã (BH) [...] O termo é mais certo que se prenda à prática do fetichismo entre os congueses. Estes não só se utilizavam, como amuleto, de uns pacotilhetes, que tinham pendentes do pescoço; masalu ma-(e)dinga, embrulhinhos ou breves de colo". (LOPES, 2012, p. 158)

rua". Seu Dionísio, no Camisa Verde, Luís Camilo e o baliza Saturnino, nos Campos Elíseos, incumbiam-se dessa "preparação" para o desfile em seus respectivos cordões. (SIMSON, 2007, p. 207)

2.3 1972: NASCE A ESCOLA DE SAMBA E O TERREIRO SAGRADO DO SAMBA

O samba não levanta mais poeira
O asfalto hoje cobriu o nosso chão
Lembrança eu tenho do Saracura
Saudade tenho do nosso cordão

Bixiga hoje é só arranha-céu
E não se vê mais a luz da Lua
Mas o Vai-Vai está firme no pedaço
É tradição e o samba continua

Quem nunca viu o samba amanhecer
Vai no Bixiga pra ver
Vai no Bixiga pra ver

Figura 4. Símbolo da Vai-Vai: ramos de café e a coroa.
Fonte: Reprodução.

("Tradição". Composição: Geraldo Filme)

Os versos acima, compostos pelo sambista paulista Geraldo Filme (1927-1995), tornaram-se um hino da escola de samba do Bixiga, retratando até hoje o sentimento da comunidade (URBANO, 2014, p. 81). A partir da década de 1960, a escola participou dos embates e negociações com o poder público para o reconhecimento dos desfiles das agremiações carnavalescas de São Paulo (BARONETTI, 2015). Disso resultou, em 1967, a oficialização da festa, com significativas transformações nas agremiações e na relação delas com a sociedade.

O Cordão Carnavalesco Vai-Vai resistiu às mudanças até 1971, ano em que desfilou nessa categoria pela última vez. Em 1972, já contando com patrocínio da prefeitura, cumprindo regras específicas e desfilando em uma "passarela fixa de desfiles", a avenida São João, estreou como uma promissora escola de samba e um visual bem diferente. Uma das principais mudanças, por exemplo, foi a introdução do casal de mestre-sala e porta-bandeira no lugar da porta-estandarte; na bateria, considerada como o coração da escola,[5] os instrumentos mais pesados — bumbo, trombone, clarins — começaram a ser substituídos pela batucada dos surdos, tamborins, agogôs, chocalhos, reco-recos e outros. A frigideira, que foi introduzida na época dos cordões, foi substituída pelo tamborim, refletindo a influência do intercâmbio com o Carnaval carioca.

Entre 1970 e 1990, o Carnaval de São Paulo viveu o período de sua oficialização e da adequação aos novos moldes de desfiles, com mudanças na forma de apresentação — como a adoção de um ritmo mais leve e acelerado, diferenciando-se da estrutura dos cordões. As mudanças trouxeram também um novo estilo: variações de temas-enredo e sambas-enredo, aumento de alas e carros alegóricos e o estabelecimento de critérios de julgamento do concurso. Acirrou-se a disputa e a tensão entre as agremiações carnavalescas aumentou, provocando novas elaborações que reconfiguraram a padronização sonora e visual dos desfiles.

Ao se tornarem mais atrativas, as apresentações provocaram discussões sobre a adoção de um espaço fixo para os desfiles oficiais, fazendo com que os trajetos fossem mudando de lugar. O Carnaval feito pelos negros (SIMSON, 2007, p. 94) passou pelo Anhangabaú, rua Direita, avenida São João e avenida Tiradentes, até ganhar casa própria com a inauguração, em 1996, do Sambódromo do Anhembi.

O espetáculo finalmente atraiu o interesse da televisão, que passou a transmitir o desfile das escolas de samba, gerando recursos financeiros para as agremiações. A seguir, um sambista da velha-guarda, que se viu de algum modo marginalizado pelo processo de comercialização e midiatização de sua cultura, critica a fragmentação imposta pela transmissão televisiva:

---

5   Baronetti usa essa expressão, muito repetida no universo das escolas de samba, para dizer que, sem a bateria, a escola para, pois perde a vida. "Como os instrumentos de corda e de sopro caíram, a bateria ficou sendo a referência musical da escola e é chamada por muitos como 'coração da escola'" (BARONETTI, 2015, p. 137).

> Hoje, o samba sofre as consequências de ter se encostado com a televisão. A escola não é nada daquilo que é na avenida, eles apresentam uma figura aqui, outra ali, uma porta-bandeira, mas o que acontece ao vivo pela televisão não é sentido como na avenida, as coisas, aí em casa no sofá, você não vê. Infelizmente o samba está entregue à televisão. São eles que mandam, determinam, mas tudo bem, como diz o outro, é o moderno. (Marcos dos Santos — União das Escolas de Samba Paulistanas, depoimento concedido em 10/08/2010 apud BARONETTI, 2015, p. 152)

O Carnaval de São Paulo se transformou em um produto midiático e foi efetivamente abarcado pela indústria cultural. A estratégia foi adotada mediante o consenso dos líderes das agremiações, que desejavam uma alternativa para não dependerem exclusivamente do poder público e, assim, poderem realizar os desfiles e atrair mais patrocinadores para o concurso. Não perceberam, no entanto, que, ao transformarem o Carnaval em espetáculo, um elemento de valor inestimável se perderia: a espontaneidade da festa negra.

> A ampliação dos gastos das escolas e a necessidade criada pela mídia da realização de um desfile cada vez mais grandioso e luxuoso gerou uma defasagem que impediu que os desfiles se tornassem economicamente viáveis. Os dirigentes paulistanos buscam integrar-se a essa dinâmica da indústria cultural. Esta coopta a manifestação cultural popular com o objetivo de incorporá-la à cultura dominante, já inserida no mercado de consumo. Mas o Carnaval paulistano estava nesse momento em uma espécie de transição. Há tempos deixara de ser uma festa espontânea, mas ainda não se tornara um evento turístico ou de entretenimento economicamente viável, que se paga apenas com a venda de ingressos e verba de patrocinadores privados, necessitando de dinheiro público para cobrir grande parte de seus gastos. (BARONETTI, 2015, p. 149)

Esse é um período importante, pois marca a transformação do Carnaval da cultura popular, realizado pelas comunidades das escolas de samba, de maioria negra, para o Carnaval da cultura dominante, conforme registrou Baronetti (2015).

Nesse período, a Vai-Vai também começou a sofrer intensas modificações em sua forma de participar da legitimação do Carnaval da cidade. Consideramos que o Carnaval de 1972 foi um divisor de águas na história da Vai-Vai por dois motivos.

Por um lado, a Vai-Vai desfilou pela primeira vez como escola de samba e, já na estreia, mostrou possuir uma comunidade competitiva. A estreante Vai-Vai quase desbancou a grande estrela da festa, a campeã Mocidade Alegre, da Zona Norte. Naquele ano, a escola do Bixiga desfilou na avenida São João e foi aplaudida com o enredo "Passeando pelo Brasil, o samba mostra o que é seu". Em disputa acirrada, o resultado da apuração somou 106 pontos para a Mocidade, que se tornou bicampeã, enquanto a Vai-Vai somou 105 pontos, sagrando-se vice-campeã.

Por outro lado, o ano de 1972 marcou o ingresso de José Jambo Filho (1931-2007), o Chiclé, na história da Vai-Vai. Ele foi o segundo a ocupar o cargo de presidente da escola, no qual permaneceu por vinte anos (URBANO, 2014, p. 101). Jambo Filho foi o responsável pela introdução de práticas rituais de Candomblé dentro do terreiro de samba, instituindo a figura do pai de santo da escola.

2.3.1 Rituais profanos e fundamentos da escola de samba

Se as práticas rituais de Candomblé ocorrem de forma singular no terreiro de samba da Vai-Vai, passando despercebidas pelas câmeras de TV, é importante mencionar que também existem rituais profanos e obrigatórios da escola que não são percebidos em sua totalidade. Carregadas de sincretismo e com diversas semelhanças com os ritos afrorreligiosos, algumas cerimônias são imprescindíveis em qualquer agremiação que se apresente como uma escola de samba. Descreveremos, a seguir, alguns ritos que devem ser cumpridos pela comunidade de um terreiro de samba.

Escola de samba, bandeira (pavilhão), alas e sambistas nascem pagãos e devem ser batizados. O pavilhão, símbolo máximo da agremiação carnavalesca, exige o máximo respeito de quem o porta e de quem se põe diante dele.

Para pertencer a uma comunidade de escola de samba, é necessário, sempre que se estiver no terreiro de samba, o cumprimento de algumas regras sociais internas, regidas por certos ritos. O principal deles é beijar a bandeira, o pavilhão da escola, seja ao entrar na quadra de ensaios, seja ao avistá-la em algum evento. Se o casal de mestre-sala e porta-bandeira se aproximar e oferecer a bandeira a alguém, é desrespeitoso não se curvar e levá-la levemente aos lábios, beijando-a.[6]

Os rituais profanos não seguem padrões doutrinários de nenhuma religião. No entanto, em sua profundidade unificadora, são portadores de uma conotação religiosa. Segundo Vilhena (2005, p. 34), esse tipo de ritual mobiliza aspectos comuns aos rituais sagrados:

> regularidade, ordem, sequência das ações, regras e, consequentemente, controle social, comportamentos previstos, criação e transcendência de um tempo com quebra da cotidianidade, sistemas simbólicos, adesão e valores, sentimentos profundos de pertença, amores, paixões, rivalidade, corpos em ação, construção de significados, intencionalidades, compromissos, recriação periódica do tônus social e relacional, reunião de pessoas e grupos, delegação de funções e papéis, criatividade, imaginação, protagonismos teatralizados, comunicação, mensagens, tensões, efervescências, trocas, exaltação, celebração, dimensão sacral. Não nos esqueçamos da dialética entre os olhares de fora e a partir de dentro da vivência ritual. (VILHENA, 2005, p. 34)

O nascimento de uma agremiação carnavalesca é um grande acontecimento para o mundo do samba. No entanto, apenas após o ritual do batismo, quando a escola deixa de ser pagã, é que ela passa a ser respeitada. A Vai-Vai também foi batizada no tempo de cordão, tendo, assim, duas madrinhas. A madrinha do Cordão Vai-Vai foi a escola de samba Império Serrano, do Rio de Janeiro; e a escola tem como madrinha a Império do Samba, da cidade de Santos, presidida, na época, por Dráuzio da Cruz, um sambista muito respeitado que dá nome à passarela do samba da Baixada Santista.

Considerados como fundamentos das escolas de samba, os rituais misturam símbolos católicos com os de rituais de Umbanda e Candomblé.

---

6 Reinaldo da Silva Soares descreve ainda outros rituais que fazem parte do universo das escolas de samba, como os ritos de iniciação da bateria e da ala de compositores, além dos eventos para a escolha do samba-enredo para o Carnaval. (SOARES, 1999, p. 59; p. 100)

O pavilhão (a bandeira) constitui o símbolo central da cerimônia de batismo da escola, tornando-se sua razão de existir. Nele, estão representadas a data de fundação, a identidade e as cores oficiais da escola, diferenciando-a de suas coirmãs, principalmente nos desfiles do Carnaval. A partir da consagração, a escola passa a atender à exigência de manter alguns componentes considerados fundamentais: abre-alas, baianas, bateria, comissão de frente, crianças, velha-guarda e mestre-sala e porta-bandeira — o casal guardião do pavilhão que, como visto, torna-se a representação máxima da comunidade.

O pavilhão da Vai-Vai mantém os mesmos símbolos da época de cordão: a coroa e os ramos de café. O significado deles, no entanto, sempre gerou polêmica entre os integrantes mais antigos da escola. Para uns, a coroa remete à realeza e teria sido escolhida porque podia ser vista por todos os lugares por onde passava, enquanto os ramos significariam a riqueza, pois no passado teria havido muitas fazendas de café e barões na região do antigo Bixiga. Para outros, a coroa teria sido escolhida por causa do costume dos negros da época de se tratarem como "meu rei"; já os ramos de café acompanhariam a coroa por representarem o crescimento econômico de São Paulo.

Sobre a presença de bandeiras em manifestações negras, a pesquisadora Arianne Gonçalves (2014, p. 38) afirma que esse símbolo remete à ancestralidade negro-africana. Os estandartes, bandeiras e pavilhões são fundamentais em expressões ligadas às festas profano-sagradas, como o congado, os cordões e as escolas de samba.

Fernando Penteado diz que é um sambista batizado, "coisa que quase não existe mais". Ao falar sobre os rituais que existem nas escolas de samba, comparou o pavilhão a um orixá protetor:

> A maioria dos rituais que existem na escola de samba vem dos terreiros de Candomblé. É a mesma coisa com o batismo. Toda a força de uma comunidade do samba está no pavilhão, sem pavilhão não há escola de samba. O pavilhão é nossa proteção, ele é sagrado. É só lembrar nossas tias velhas e nossos tios velhos, lá no barracão de Pirapora. Cada cidade levava seu lenço, as famílias se reconheciam pelo lenço de outra, quando chegavam na festa e nos batuques. Tia Ciata colocava a bandeira branca, para quem chegasse ao Rio de Janeiro, da Bahia, visse de longe a bandeira do terrei-

Figura 5. Baianas da Vai-Vai em 2017. Foto: Claudia Alexandre (2015).

Figura 6. Batismo da escola de samba Amizade da Zona Leste pela madrinha Unidos de São Lucas (SP). Fonte: Amizade da Zona Leste.

ro dela. O pavilhão é uma entidade, é tratado como os orixás. Os nossos orixás aqui são tratados e o pavilhão também. É um ritual cá e outro lá. (Fernando Penteado, depoimento concedido em 03/08/2017)

Sobre o batismo do sambista, ele descreveu o seguinte:

Antigamente, eram os mais velhos que escolhiam os afilhados. Você era observado e nem sabia. Mas, até o batismo, você não era bem considerado. Eu mesmo, quando via o pavilhão passar, ficava torcendo para ele chegar perto de mim e eu tomar a benção. Mas demorou para isso acontecer. Acho que um dos rituais mais bonitos é a reverência à bandeira. Eu passei um bom tempo cabisbaixo, porque queria que o pavilhão passasse por mim para eu beijar, mas nunca vinha. Até eu aprender que o pavilhão não vai até você, você é que vai até ele, você é o sambista. E eu me tornei sambista, batizado por Geraldo Filme, tenho padrinho e madrinha. O dia que ele chegou para mim e disse que ia me batizar... nossa... que alegria! Foi tudo direitinho, teve água de cheiro, e eu fui batizado. (Fernando Penteado, depoimento concedido em 03/08/2017)

No livro *Mães do samba: tias baianas ou tias quituteiras*, Maria Apparecida Urbano fez uma detalhada descrição do ritual de batismo de uma escola de samba, transcrito a seguir por representar o principal ritual profano de uma agremiação carnavalesca e por ter sido vivenciado por todos os sambistas que pertencem às agremiações carnavalescas no Brasil, em especial à escola de samba Vai-Vai:

Primeiramente as baianas da escola se preparam para fazer a limpeza espiritual da quadra. Elas preparam o amaci (ervas amaciadas em água limpa) com manjericão e fazem uma limpeza (ungindo essa água em toda casa, que deverá estar vazia, sem ninguém presente, exceto as baianas da afilhada). Uma parte do amaci deverá ser reservada no alguidar grande, para a cerimônia do batismo e também os ramos de manjericão para a benção, que será feita pelas baianas da escola madrinha. As baianas da afilhada, que são a força da casa, devem fazer essa limpeza antes da entrada dos convidados, pedindo para a casa proteção, progresso, vitórias, paz e respeito entre os componentes da comunidade. Deverão benzer também os móveis, objetos e utensílios existentes na quadra. Somente após esse procedimento é que deverão entrar na quadra todos os participantes do ritual do batismo: presidente, diretores, convidados etc. Assim terá início o cerimonial do batismo.

O mestre de cerimônia chama à frente, pelos nomes, o presidente da escola afilhada e sua esposa, os diretores, o mestre de bateria, o tocador do surdo de primeira, a comitiva da escola madrinha (menos o primeiro casal de mestre-sala e porta-bandeira). Entram pelo meio da quadra as baianas da escola madrinha, levando na mão direita os ramos de manjericão e na esquerda o alguidar pequeno com a água do amaci, benzendo a todos, inclusive as baianas da escola afilhada, o mestre de bateria, o tocador de surdo de primeira, bem como os próprios instrumentos. Depois dessa benção todas as baianas, madrinhas e afilhadas, se retiram, para retornarem mais tarde.

Logo após a saída das baianas, o mestre de cerimônia chama pelos nomes o primeiro casal de mestre-sala e porta-bandeira da escola madrinha, que entra ostentando o pavilhão, e se coloca à frente dos presentes; a seguir, o mestre de cerimônia chama o primeiro casal de mestre-sala e porta-bandeira da escola afilhada, que entra na quadra com o seu pavilhão enrolado, contendo no seu interior pétalas de rosa. Para na entrada da quadra e aguarda o primeiro casal de mestre-sala e porta-bandeira da escola madrinha ir buscá-lo. O primeiro casal da escola madrinha se desloca até o primeiro casal da escola afilhada e o conduz até a frente, se posiciona e aguarda.

O presidente da escola afilhada apanha o mastro de seu pavilhão e o presidente da escola madrinha traz a "roseta" (uma rosácea feita com fita) que será ofertada à afilhada. Os dois presidentes se colocam atrás dos casais. A porta-bandeira da escola afilhada, auxiliada pelo mestre-sala, desfralda lentamente o seu pavilhão, deixando cair no chão as pétalas de rosas. Assim que ele estiver completamente desfraldado, o presidente da escola madrinha coloca no mastro a roseta com as cores da sua escola, símbolo que será reconhecido por todos os sambistas, que saberão quem foi a madrinha da escola. O pavilhão é colocado no talabarte que a porta-bandeira carrega.

Entram de novo na quadra as baianas da escola madrinha e da afilhada, portando em seu pano da costa uma quantidade de pétalas de rosas. Enquanto as baianas entram, é aberta uma garrafa de champanhe, e o primeiro casal de mestre-sala e porta-bandeira da escola madrinha "batiza", molhando levemente a ponta do pavilhão da escola afilhada. Feito isso, o presidente da escola madrinha confirma o batismo, declarando que "Em nome da entidade que eu como presidente represento, a escola de samba... (diz o nome da entidade madrinha), está confirmado a partir deste momento, através de seu pavilhão, o batismo da... (diz o nome da escola afilhada)", e lê o "batistério" (que já deverá estar assinado) mostrando a todos os presentes.

Quando o presidente da escola madrinha acaba de ler o batistério, as baianas, tanto as madrinhas como as afilhadas, jogam, para o alto e em todos, as pétalas de rosas que estão em um pano da costa, e, para comemorar, são abertas as diversas garrafas de champanhe, e oferecido um pouco nas mãos em forma de concha dos participantes do ritual. Dando prosseguimento, o casal de mestre-sala e porta-bandeira da escola madrinha reverencia o pavilhão que acaba de batizar, seguidos do mestre de cerimônia, presidente, diretores, mestre de bateria, baianas, harmonias e a comunidade presente. A seguir, toda a comitiva da escola madrinha reverencia o pavilhão. Na sequência, os harmonias conduzem ao centro da quadra os casais de mestre-sala e porta-bandeira das coirmãs convidadas e, casal por casal, reverencia o pavilhão batizado e volta para seus lugares. O mestre de cerimônia chama então o mestre de bateria e seus batuqueiros, mais o intérprete de samba da escola para a execução do hino ou do samba-enredo da escola.

Saem dançando, primeiramente, a porta-bandeira da escola madrinha com o mestre-sala da afilhada e a porta-bandeira da afilhada com o mestre-sala da madrinha. No meio da dança, trocam-se os casais, sendo que o primeiro casal da madrinha encosta e deixa o primeiro casal da afilhada dançar sozinho pela primeira vez após o batizado do pavilhão. Terminada a dança, o mestre de cerimônia chama o intérprete de samba da escola da madrinha e ele canta o hino da escola ou o samba-enredo do último Carnaval. Todos os casais presentes são convidados a dançar; começando pelo casal da madrinha, depois o da afilhada, seguidos pelos casais das coirmãs, que o mestre de cerimônia anunciará um a um. No meio da dança é feito o congraçamento dos pavilhões, formando uma roda. Cada porta-bandeira deverá tocar levemente o pavilhão da afilhada, numa confraternização

> entre os casais. Terminando esse congraçamento e finalizada a cerimônia do batismo, os casais deixam seus pavilhões no porta-pavilhão. As baianas se dispersam, e começa a grande festa. A escola de samba está batizada, pronta para exercer suas funções. (URBANO, 2014, pp. 199-202)

A importância da participação das alas das baianas no ritual de batismo é um indício do significado dessas mulheres para as escolas de samba. A ala das baianas é a representação da mãe ancestral que, na memória dos sambistas, seria a eternização de Tia Ciata, a mãe de santo baiana que se eternizou como a matriarca do samba. Nas vestes, as saias rodadas, nos ombros, os panos da costa, na cabeça, o turbante, e nos braços e pescoço, as pulseiras e os colares. As "mães do samba" remetem à ligação com a África. Da África para a Bahia, da Bahia para o Rio de Janeiro e do Rio de Janeiro para São Paulo, se espalhando para todo o país. Um percurso da cultura afro-brasileira, das tradições negro-africanas e das práticas rituais que permanece na festa carnavalesca.

Muitas integrantes dessa ala são mães de santo de terreiros de Umbanda e de Candomblé ou ostentam cargos na hierarquia das casas de culto. Por isso, além de beijarem o pavilhão, se cumprimentam e são cumprimentadas com pedidos de bênção. Na Vai-Vai, a ala possui mais de 80 baianas que, além das atividades da escola, incluindo os rituais sagrados que apoiam, participam também da Pastoral Afro, na Igreja Nossa Senhora Achiropita, e das festas da padroeira.

Dona Joana Barros (1957-2020),[7] ou Mãe Joana, foi, até 2020, a chefe da ala das baianas. Aos 60 anos, ela estava há 30 na escola. Iniciada no Candomblé, tinha orgulho por estar em uma escola de samba que valoriza as coisas "da nossa negritude".

> Eu cresci no bairro da Liberdade, morei no Campo Limpo e, depois que me separei, vim para a Bela Vista. Estou aqui há 25 anos. Só não entrei antes na Vai-Vai porque meu marido não deixava. Hoje, é a minha vida. Comando 86 baianas, e é bom porque aqui a maioria é da religião, temos muitas

---

7   Dona Joana faleceu em 26/7/2020.

Figura 7. Dona Joana, chefe da ala das baianas e mãe preta da Pastoral Afro. Foto: Claudia Alexandre (2015).

mães de santo de Umbanda aqui na ala. Sou iniciada, filha de Xangô com Oxum, faz seis anos. Todas nós participamos mais das festas negras aqui do bairro, de Ogum, de São Benedito e de Cosme e São Damião. Eu, graças a Deus, sou a mãe negra da feijoada da Pastoral, há 16 anos. A gente participa das missas afro e dos batismos também. (Dona Joana, depoimento concedido em 10/06/2017)

Outro rito de grande importância é o batismo das alas. Dispondo de um cerimonial elaborado, envolve a participação de um padrinho ou de uma madrinha que garantirá que a ala recém-surgida seja reconhecida, deixando assim de ser "pagã". Sandra Aparecida Maria, chefe da ala Kambinda da Vai-Vai, descreveu essa relação:

O certo é que todas as alas sejam batizadas. Hoje, tem muita gente nova que nem faz mais isso. Tem que batizar, sim. Nossa ala foi batizada pela atriz Raquel Trindade, que tem o nome artístico de Kambinda, por isso demos o nome para a nossa ala. (Sandra Maria, depoimento concedido em 11/11/2016)

Manter a ala da velha-guarda mais antiga da cidade de São Paulo parece também reforçar o orgulho da comunidade em preservar a cultura e a tradição dos ancestrais, dos velhos sambistas, a quem eles chamam de "imortais".

Em todos os ensaios para o desfile de 2015 a que assistimos, sem exceção, o encontro era aberto por uma roda de samba puxada pela ala de compositores, cujo repertório apresentava uma seleção de composições dos integrantes, algumas muito conhecidas do grande público, além de sambas de sucesso que exaltam a arte de compor e a própria escola. Um samba que, sempre que é cantado, faz com que todos o cantem de pé exalta um dos fundadores do Cordão Carnavalesco Vai-Vai, o Pato N'Água (Walter Gomes de Oliveira), que recebeu a composição de Geraldo Filme no dia de sua morte. Ao se levantarem, os compositores executam um ritual particular de respeito ao passado e a todos os integrantes da ala da velha-guarda. Se a placa emudece, o samba enaltece sua importância para a folia:

Silêncio, o sambista está dormindo
Ele foi, mas foi sorrindo
A notícia chegou quando anoiteceu
Escolas, eu peço o silêncio de um minuto
O Bixiga está de luto, o apito de Pato N'Água emudeceu
Partiu, não tem placa de bronze, não fica na história
Sambista de rua morre sem glória
Depois de tanta alegria que ele nos deu
E assim um fato se repete de novo
Sambista de rua artista do povo
E é mais um que foi sem dizer adeus
Silêncio, silêncio, silêncio...

2.4 CHICLÉ, O PRESIDENTE QUE ESTABELECEU O CANDOMBLÉ NA VAI-VAI

Apesar do excelente primeiro desfile na categoria escola de samba e de a conquista do vice-campeonato, em 1972, ter trazido novo ânimo para a comunidade, ainda eram tempos de muitas dificuldades financeiras. A escola não tinha sede própria e, como nos tempos de cordão, continuava ensaiando pelas ruas do Bixiga, contando com a ajuda do comércio e guardando os instrumentos em um cômodo alugado. As fantasias eram confeccionadas nas casas dos componentes, e muitos deles moravam em bairros distantes na periferia. Muitas costureiras, mães e esposas, realizavam esse serviço, marcando assim a presença fundamental das mulheres na constituição da Vai-Vai que, desde o início, permitiu a participação feminina ativa, seja na rotina da agremiação, seja na diretoria, na chefia de alas e, principalmente, nas práticas religiosas.

O presidente Chiclé era muito conhecido no bairro e trabalhava como peixeiro no Mercado Municipal e em algumas feiras livres. Ele foi um líder admirado pelos sambistas da Vai-Vai, tornando-se uma figura fundamental para a estruturação da agremiação. Chiclé foi descrito em muitos depoimentos como um dirigente que chamava a atenção pelo "amor e dedicação" que nutria pela escola. Não raro, ele era visto dormindo na sede, trocando o dia pela noite para a montagem dos desfiles. Como jornalista envolvida na cobertura jornalística do Carnaval por muitos anos, também testemunhei o apreço e a disposição que ele tinha com os preparativos da Vai-Vai.

Sandra Aparecida Maria, chefe da ala Kambinda, em depoimento concedido em 11/11/2016, disse que "muitas pessoas pensavam mesmo que ele morava lá. Ele brigou muito por tudo aquilo, para mim, ele foi como um pai".

Fernando Penteado afirma que a escola deve muito ao antigo presidente:

Figura 8. Presidente Chiclé, um filho de Oxóssi. Fonte: UESP.

> Tinha um quarto no fundo onde o seu Chiclé ficava. Ele não morava, mas ficava aqui, era muito dedicado. Ele trabalhava no Mercado Municipal, vendendo peixe. Peixe que ele fazia para a gente. Tinha samba e o peixe dele. Ele tinha muitos contatos, muito respeitado aqui no Bixiga e conhecia muita gente. (Fernando Penteado, depoimento concedido em 10/06/2016)

Chiclé era seguidor do Candomblé. Além de frequentar um terreiro, sempre que podia, levava o nome da escola para pedir proteção para os dias de desfile. Em 1972, não foi diferente, mas havia algo que ele só revelou no final da festa, pegando de surpresa a diretoria em plena comemoração: a Vai-Vai tinha sido despejada da sede improvisada da rua 14 de Julho e, a partir daquela noite, os instrumentos não poderiam mais voltar para lá.

Fernando Penteado foi um dos que ouviu a notícia em primeira mão, e contou como foi o susto:

> Você pode imaginar? A gente já estava despejado, desfilamos sem saber. No fim do desfile, o Chiclé nos chamou e disse que o dono tinha pedi-

do a casa. Ele já sabia antes e não avisou nada para ninguém, para não estragar a festa. Meu Deus, só olhei para todos aqueles instrumentos e pensei: onde vamos colocar tudo isso? (Fernando Penteado, depoimento concedido em 10/06/2016)

Mas Chiclé já tinha a solução. Acalmou o grupo e anunciou que conseguira um terreno, com um barraco de madeira já erguido, onde os integrantes poderiam guardar os instrumentos e, com o tempo, arrumar ali mesmo a sede da escola. Eles colocaram tudo em um caminhão e, naquela noite mesmo, a Vai-Vai ocupou o terreno no novo endereço: rua São Vicente, 276, onde está até hoje. Fernando Penteado também ajudou na mudança:

Colocamos tudo no caminhão e viemos para cá. 1972, primeiro ano da escola de samba, eu, Tadeu, Chiclé, Lula fizemos a mudança. Chiclé era peixeiro, nas feiras tinha muitos contatos, muito respeitado aqui no Bixiga e conhecia muita gente. Acho que quando ele ficou sabendo que a gente ia ter que sair, conversou com alguém da prefeitura e conseguiu o terreno. Era uma terra batida, com um barraquinho onde a gente colocou as coisas e nunca mais saímos daqui. Tinha nada, só um cercadinho. Cobrimos com uma lona e em um ano a gente levantou uma pequena sede, com escritório e um bar. (Fernando Penteado, depoimento concedido em 10/06/2016)

Aos poucos, com ajuda de comerciantes, políticos e com a verba pública para os desfiles, a escola passou a reunir a comunidade e foi erguendo sua sede, tendo à frente o incansável Chiclé, que, além de empreendedor, foi um respeitado ritmista, pois tocava quase todos os instrumentos de percussão. "Foi Chiclé que introduziu na bateria da Vai-Vai o repinique, o qual tocava com maestria, na metade dos anos de 1960, segundo informação de outros sambistas" (URBANO, 2014, p. 101).

A memória dos sambistas compõe o retrato de um verdadeiro bamba:[8]

---

8 *"Bamba* [2] adj. 2 gên. Pessoa que é autoridade em determinado assunto (BH). Do quimbundo *mbamba*, mestre, pessoa insigne". (LOPES, 2012, p. 41)

> Ele foi um grande amigo e um grande presidente. As coisas eram levadas muito a sério; é impossível esquecer o que ele fez por esta escola. (Maria da Penha, ala das baianas, na escola desde 1970)

> Ele dormia na quadra, muitas vezes ao lado do cachorro Rex. Ele tinha casa, morava na Bela Vista, mas, em dia de Carnaval, não saía daqui. Era dedicação total. Na minha concepção, foi o professor de muitos sambistas e ensinou muitas entidades a fazer Carnaval. Foi ele que me deu o apelido de Jorginho Saracura, eu era muito magrinho e briguento. (Jorge da Silva, ala da harmonia, na escola desde 1968)

> Ele era o meu paizão. Se não fosse o esforço dele, jamais seríamos o que somos hoje. (Sandra Aparecida Maria, ala Kambinda, na escola desde 1967)

O respeito transmitido por Chiclé era tão grande que ele conseguiu introduzir na Vai-Vai a sua própria maneira de cultuar os orixás, o que não demorou a ser assimilado pelo grupo. Aos poucos e com muita discrição, algumas práticas de Candomblé passaram a ser realizadas no terreiro de samba.

Jorginho Saracura é integrante da Vai-Vai desde os onze anos de idade, trocando as boas notas no colégio pela participação na ala das crianças da escola. Fez parte da ala da bateria, tocando surdo, e depois ingressou na ala da harmonia. Filho de Ogum, foi iniciado no Candomblé há mais de 38 anos:

> Aqui sempre teve um trabalho ou outro dentro da escola. O Pai Zé Mendes era bem conhecido, sempre andava por aqui. Foi ele quem colocou um fundamento no centro da quadra. A gente sabia e ficava quieto. Essas coisas, têm que respeitar, assim que funciona. Tenho orgulho de falar da minha escola, porque ela mantém as tradições. Temos que falar que temos orixá. Um orixá nos protege. O samba veio dos terreiros de Candomblé. (Jorginho Saracura, depoimento concedido em 10/06/2017)

Chiclé não escondia de ninguém que era um seguidor do Candomblé, mas nunca declarou publicamente que ali, no terreiro de samba, já estava assentado o Exu da Vai-Vai. Tudo era feito em horários em que não havia movimento e com a presença apenas de pessoas escolhidas. Dizem que o dirigente era filho do orixá Oxóssi, o guerreiro caçador. Em *Orixás da metrópole*, Vagner Gonçalves da Silva cita um dos mitos em que Exu, Ogum e Oxóssi seriam três inseparáveis guerreiros-irmãos, o que justificaria a necessidade de esses orixás serem cultuados ao ar livre em terreiros de Candomblé:

> Verger (1981, p. 40) reproduz uma lenda na qual Exu, Oxóssi e Ogum são filhos de Iemanjá. Exu, por ser indisciplinado e insolente, é expulso de casa por sua mãe. Oxóssi, o deus caçador, desobedecendo as ordens maternas, embrenha-se na floresta, encontrando Ossaim, que o enfeitiça e com quem passa a conviver. Encontrado por seu irmão, Ogum, é trazido de volta para casa, não sendo, porém, recebido por sua mãe. Ogum, revoltado, resolve também viver fora de casa como seus irmãos. (SILVA, 1995, p. 176)

É possível estabelecer aproximações entre atitudes tomadas por Chiclé na introdução de práticas do Candomblé na Vai-Vai, com a mitologia dos orixás, para melhor compreender a aceitação por parte da comunidade e a maneira como os rituais e as festas afrorreligiosas encontraram espaço no cotidiano da escola.

Eliade afirma que o mito seria sempre um precedente e um exemplo para as ações sagradas ou profanas dos indivíduos, ou seja, estaria condicionando a sua visão de mundo.

> Assim fizeram os deuses, assim fazem os homens. [...] Ou melhor: um precedente para os modos do real em geral. "Nós devemos fazer o que os deuses fizeram no princípio." [...] Com efeito, uma boa parte dos mitos, ao mesmo tempo que narra o que fizeram *in illo tempore*9 os deuses ou os seres míticos, revela uma estrutura do real inacessível à apreensão empírico-racionalista. (ELIADE, 2010, p. 312)

Para o autor, todo ritual, ou ação dotada de sentido, executado pelo homem repete um arquétipo mítico, ou seja, "a repetição implica a abolição

---

9   Naquele tempo.

do tempo profano e a projeção do homem em um tempo mágico-religioso, que nada tem a ver com a duração propriamente dita, mas constitui este eterno presente do tempo mítico" (ELIADE, 2010, p. 312).

Ao aproximarmos o sistema religioso encontrado na Vai-Vai do mito dos irmãos guerreiros Exu, Ogum e Oxóssi, observamos que, por meio das práticas rituais sagradas e profanas, a comunidade vive e revive sua relação com os orixás, lançando-se a uma temporalidade diferente de sua rotina diária.

> Aquele que realiza um rito qualquer transcende o tempo e o espaço profanos: do mesmo modo, aquele que "imita" um modelo mítico ou simplesmente escuta ritualmente a recitação de um mito é arrancado ao devir profano e reencontra o Grande Tempo. Na perspectiva do espírito moderno, o mito — e com ele todas as outras experiências religiosas — anula a "história". Mas há que notar que a maioria dos mitos, pelo simples fato de enunciarem o que se passou *in illo tempore*, constituem, eles próprios, uma história exemplar do grupo humano que os conservou e do cosmos deste grupo. (ELIADE, 2010, p. 351)

Outro dado expressivo para se analisar a religiosidade da escola de samba refere-se à galeria de presidentes e à confissão religiosa de cada um deles. Na história da Vai-Vai, figuram apenas seis presidentes: Ângelo Fazanela (1971); José Jambo Filho, o Chiclé (1972); Paulo Mello (1992); Sólon Tadeu Pereira (1993); Edmar Tobias da Silva, o Thobias da Vai-Vai (2006); e o atual presidente, Darli Silva, o Neguitão (2010).

No quadro a seguir, observamos que, depois de Chiclé, os presidentes que apresentaram aproximação com o orixá Ogum, por exemplo, mantiveram uma relação diferente com o culto aos orixás na escola. Vale destacar que os presidentes que não eram de religião afro-brasileira mantiveram os orixás na sede da escola, recorrendo à ajuda de outros componentes. Conforme relato de Sandra Aparecida Maria, após o falecimento da Dona Nenê e de Mãe Marcinha, ela mesma passou a cuidar dos orixás. No entanto, até entregar as chaves do quarto do orixá para o novo presidente, Thobias, ela não realizou nenhum tipo de ritual. Assim, apesar de não haver um responsável religioso, mantiveram na escola a tradição de cultuar o orixá.

Quadro 1. A confissão religiosa dos presidentes da Vai-Vai

Nome	Gestão	Religião	Devoção	Responsável religioso[1]
Ângelo Fazanela	1971-1972	Não identificada	Não identificada	Não identificada
José Jambo Filho (Chiclé)	1972-1992	Candomblé	Oxóssi	Mãe Marcinha e Mãe Nenê
Paulo Mello	1992-1993	Católico	Nossa Senhora Aparecida	Não teve
Sólon Tadeu Pereira	1993-2006	Católico	São Judas Tadeu	Não teve
Edimar Tobias da Silva (Thobias da Vai-Vai)	2006-2010	Candomblé/ Espiritismo	Ogum (abandonou o Candomblé, mas foi filho de santo de Dona Nenê)	Não teve
Darli Silva (Neguitão)	2010-atual	Candomblé	São Jorge e Ogum	Pai Francisco d'Oxum

Ainda sobre o mito Exu-Ogum-Oxóssi, Verger (2012, p. 112) argumenta que, em relação a Oxóssi, fatores de ordem material, médica, social e administrativa sustentariam a narrativa. No universo da Vai-Vai, desde o dia em que encontrou a nova sede para a escola, o presidente Chiclé, filho do orixá caçador, teria revivido o mito daquele que descobre o lugar e adquire autoridade sobre seus habitantes:

> O primeiro é de ordem material, pois, como Ogum, ele protege os caçadores, torna suas expedições eficazes, delas resultando caça abundante. O segundo é de ordem médica, pois os caçadores passam grande parte de seu tempo na floresta, estando em contato frequente com Ossaim, divin-

dade das folhas terapêuticas e litúrgicas, e aprendem com ele parte de seu saber. O terceiro é de ordem social, pois normalmente é um caçador que, durante suas expedições, descobre o lugar e torna-se senhor da terra (*onílé*), com autoridade sobre os habitantes que aí venham a se instalar posteriormente. O quarto é de ordem administrativa e policial, pois antigamente os caçadores (*ǫdę*) eram os únicos a possuir armas nos vilarejos, servindo também de guardas-noturnos (*òsó*). (VERGER, 2012, p. 112)

Enquanto Chiclé esteve na presidência, era comum encontrar velas acesas, cheiro de incenso e imagens de santos na quadra. Na época, em parte devido ao segredo ritualístico, característico das casas de culto, e talvez em razão do preconceito, nada era tornado público nem admitido nas conversas do presidente. Nos cuidados com orixá Exu, o primeiro a ter assentamento na Vai-Vai, Dona Marcinha contava inicialmente apenas com a ajuda de pessoas que eram da religião. Como lembrou sua filha Sandra, da ala Kambinda:

> No começo, minha mãe cuidava do anjo da guarda do seu Chiclé e tudo que era relacionado ao santo na escola. Não me lembro de ter sacrifício de animal, isso veio bem depois. Minha mãe cuidava com vela, pinga e charuto. As coisas para pombagira também, porque o Exu está sempre acompanhado. Minha mãe tinha uma mediunidade maravilhosa. Entrou no Candomblé por minha causa. Depois que meu pai morreu, ela trabalhou muito para cuidar de mim. Eu tinha muitos problemas, inchava, ficava bem, e de repente já estava mal, desmaiava. Minha mãe corria comigo, aqui e ali e me levava no centro para benzer. Uma amiga, a Dona Nenê, levou ela no terreiro de Candomblé Axé Ilê Obá (da mãe Sylvia), no Jabaquara, foi lá que eu nasci, com o Pai Caio. Ele logo disse que eu tinha que me cuidar; minha mãe não era iniciada, mas fez todas as obrigações por minha causa, no meu lugar. Eu tinha uns dez, onze anos. (Sandra Aparecida Maria, depoimento concedido em 11/11/2016)

Os primeiros assentamentos de Exu e Ogum no terreiro da Vai-Vai teriam sido realizados por Dona Nenê mediante rituais sacrificiais. Uma antiga integrante da ala das baianas da escola, que estava entre as mulheres convocadas para alguns "trabalhos" na quadra, afirmou que, por vezes, Dona Nenê era "possuída" pelo orixá durante os rituais. "Eu muitas vezes saía com ela 'virada' no orixá, fazia a volta, bem na esquina, lá fora e voltava. Ninguém percebia que ela estava com o santo".

Com a mudança no ritual, Dona Marcinha passou a ajudar Dona Nenê, sua irmã de santo. Sandra conta que, com a morte da mãe e de Dona Nenê, ela ficou responsável pela chave do quarto de santo. Ela cuidava da limpeza e acendia velas, mas, nesse período, não foram realizados rituais para as divindades guardiãs. De 1993 a 2010, os orixás ficaram sem um responsável religioso que pudesse assumir os ritos. Ainda assim, os presidentes que não eram seguidores do Candomblé mantiveram os assentamentos:

> Elas cuidavam exclusivamente de Exu. Exu da Vai-Vai. Cuidar do orixá da escola é uma coisa e do orixá do presidente é outra. Dona Nenê era também a mãe de santo do seu Chiclé. Mas as coisas eram bem separadas. Existia muito amor no cuidado com este orixá. Tudo era muito reservado, assim como manda a religião. Eu ajudava a minha mãe. Fiquei responsável pela chave da casa de Exu. Fui eu a entregar nas mãos do presidente Thobias da Vai-Vai quando Pai Francisco assumiu a função. (Sandra Aparecida Maria, depoimento concedido em 11/11/2016)

Thobias da Vai-Vai faz parte da escola desde 1981. Ele conta que ingressou como membro da ala de compositores, vindo do Gaviões da Fiel, que hoje é uma escola de samba, mas na época era um bloco carnavalesco. Quando começou a atuar como puxador de samba, ele precisou incluir o nome da escola no seu, pois sempre era confundido com o Tobias do Camisa (1950-1990), que foi presidente da escola Camisa Verde e Branco. Defendendo as cores da escola, Thobias acabou se tornando um dos principais intérpretes de samba-enredo do Carnaval de São Paulo. Ele chegou à presidência da agremiação em 2008, permanecendo no cargo até 2012. Atualmente, é o vice-presidente da escola.

Filho de Ogum, Thobias já foi do Candomblé, tendo sido filho de santo de Dona Nenê. Atualmente, se considera "espírita-kardecista".

Ele disse que nunca deixou de respeitar a religião da escola de samba. "Acho natural que a Vai-Vai tenha um pai de santo para *cuidar* da escola". Durante a sua gestão, manteve os cuidados com os orixás sem, no entanto, promover rituais abertos, devido à ausência de um responsável religioso oficial que substituísse Dona Nenê. Após deixar o cargo de presidente, como membro da diretoria da escola, Thobias sugeriu ao atual presidente a vinda do Pai Francisco d'Oxum, como veremos no Capítulo 3.

> Essa nossa ligação com a religião do Candomblé, com os orixás, sempre existiu, e existe na maioria das escolas, porque não dá para separar. Cada uma faz do seu jeito. Escola de samba é uma tradição da cultura afro. A Vai-Vai sempre preservou isso. Somos católicos, do Espiritismo e da macumba. É da cultura do negro. (Thobias da Vai-Vai, depoimento concedido em 10/06/2016)

Figura 10. Osvaldinho da Cuíca, Thobias da Vai-Vai e Claudia Alexandre no Carnaval de 2017. Foto: Nicanor Cândido (2017).

2.5 O POVO DO SAMBA E O CANDOMBLÉ DA VAI-VAI

Como ocorre a vivência religiosa no terreiro de samba? Como tudo isso começou? Quem responde a essas questões é Fernando Penteado, diretor de harmonia, representante de uma geração que testemunhou momentos importantes dessa história. Na década de 1930, ele acompanhou a família às festas de Pirapora; desfilou na época do cordão, participou do nascimento da Vai-Vai como escola de samba e até hoje testemunha a religiosidade da agremiação. Como bisneto de um dos fundadores, se orgulha de pertencer à família mais tradicional da Vai-Vai.

> Minha tia Antonieta, que era mãe de santo, foi a primeira porta-estandarte; Tia Ana desfilava de Carmem Miranda, foi a primeira baiana da escola; Tia Dirce segurava o canto da escola, fazendo o coro nos desfiles. Minha família é enraizada aqui na escola, temos 28 pessoas entre baianas, ala das crianças e apoio de ala. Minha irmã, Cleuzi, é chefe da ala das crianças desde 1968, ela está há 71 anos na escola. Minha filha Laura foi rainha mirim quando tinha sete anos, rainha da bateria aos dez anos e hoje é destaque da escola; minha outra filha, a Paula, completa 25 anos de porta-bandeira. Ela carrega o primeiro pavilhão da escola desenhado pelo meu bisavô, Frederico Penteado; meu filho Fernando também é da harmonia; minha esposa, Lucimara, é diretora social. (Fernando Penteado, depoimento concedido em 10/06/2016)

Como ele vê a ligação da Vai-Vai com o Candomblé? Para Fernando, todo o gestual representa o orixá. "Nossa divindade começa pelo som do bumbo, o surdo representa o rum — o atabaque maior que toca para os orixás nos terreiros."

Outro representante da geração que testemunhou o nascimento da tradição religiosa da escola é o jornalista Paulo Valentim. Ele contou que chegou na Vai-Vai ainda menino. Valentim é diretor da velha-guarda, a ala em que estão os "mais velhos", os sambistas que têm por obrigação preservar a memória da agremiação, transmitindo as tradições às novas gerações e rememorando os personagens que ajudaram a construir a história da escola.

Nascido no bairro do Bixiga, Paulo Valentim conviveu com pessoas como Pato N'Água — como vimos, foi um dos fundadores do Cordão Vai--Vai —, com o compositor Geraldo Filme e com ritmistas "dos bons", como Caveirinha, Teleco e Flavinho.

> Eu também era levado a Pirapora pela minha avó, Dona Joana Zimbres. Tinha uns doze ou treze anos de idade. Mas posso te confirmar que ali a festa era séria. Iam sambistas de todos os lugares, mas, chegando lá, a gente formava um bloco só. Tinha gente da Vai-Vai, Geraldo Filme; Seu Carlão [do Unidos do Peruche]; Xangô [da Unidos de Vila Maria]. Eles já tinham uma formação e uma ligação com o Candomblé, tinham seus misticismos. Chegávamos lá, tinham os batuques, sambas, as rezas, cantavam os pontos de orixá, tinham as cantigas. Mas o forte eram os refrãos e os versos. Um puxava e o outro já respondia. A coisa era séria. Ficávamos todos no barracão. Os padres não gostavam muito, achavam que ali era a festa para os negros. Mas, no final, era mesmo. A grande festa de Pirapora acontecia no barracão. (Paulo Valentim, depoimento concedido em 10/06/2016)

Umbandista, Valentim afirma que essa convivência com as tradições dos antigos sambistas é importante, principalmente quando se trata de religião. Apesar de o Candomblé ter mais presença na escola por causa da atuação de um pai de santo, o respeito se estende à opção religiosa de cada um:

> O negro já tem o pezinho na religião que é dita dos negros. Eu sou da Umbanda, mas na escola tem muita gente do Candomblé, que faz e conserva seus rituais. Tem gente que faz parte da Pastoral Afro. Hoje temos o Pai Francisco, e é claro que o Candomblé é mais forte. Tem gente que é evangélico também. Mas, na Vai-Vai, somos a maioria a pisar no terreiro e fazer nossas obrigações. Há um respeito muito grande, faz parte da nossa escola, da Vai-Vai. Ali, as crianças já vêm de casa sabendo. A educação é do berço, tudo é passado. As crianças sabem bem como bater-cabeça.[10]

10 A expressão "bater-cabeça" é muito comum para os seguidores das religiões afro-brasileiras e significa uma saudação feita ao congá (altar), às divindades, às entidades quando "incorporam" nos iniciados, aos pais e mães de santo e aos mais velhos, na hierarquia dos terreiros de Umbanda e de Candomblé.

Paulo Valentim se lembra de "gente" como Dona Iracema, que era sua madrinha e frequentava a Umbanda, Dona Penha e Dona Sinhá, entre outras, que sempre ajudavam com as coisas ligadas aos orixás e à escola:

> Minha madrinha mesmo não deixava a gente se esquecer de nada. Fazia os banhos, rezava para nós, respeitava as datas, do jeitinho que se faziam nos centros [terreiros]. Dona Nenê, por exemplo, sempre foi muito ligada à escola e ao seu Chiclé. Ela cuidava das coisas dele e dos orixás da escola. (Paulo Valentim, depoimento concedido em 10/06/2016)

Para Valentim, a presença das crianças é fundamental para a continuidade de todas as agremiações carnavalescas; por isso, existe a ala das crianças. Diversas escolas de samba oferecem programas de promoção à saúde, reforço escolar, oficinas e atividades lúdicas que aumentam o interesse das crianças pela convivência no grupo.

Na Vai-Vai, a ala das crianças existe desde 1968, quando ela ainda era um cordão carnavalesco. Trata-se, portanto, da primeira ala do gênero do Carnaval de São Paulo. Desde o início, está sob a chefia de Cleuzi Penteado, na escola há mais de 70 anos. Boa parte dos sambistas que atualmente está na direção passou por essa ala. Ela constitui um motivo a mais para a realização das festas de São Cosme, São Damião e Doum.[11]

2.6 UM BABALORIXÁ NA VAI-VAI

No Carnaval de 2004, depois de um período sem cuidar corretamente dos orixás assentados na quadra da escola, o presidente Thobias da Vai-Vai percebeu que era preciso retomar a tradição. Apesar de ter mantido uma pessoa responsável pelos cuidados mínimos com os assentamentos, a comunidade não contava mais com um responsável religioso. Foi quando ele se lembrou de que, no Bixiga, havia o terreiro do Pai Francisco que, além de ser morador do bairro, muitas vezes contribuía para as ações comuni-

---

11 Ver Anexo.

tárias promovidas na escola. Thobias afirmou que pressentiu que era hora de voltar a cuidar de Exu e Ogum da "forma certa". Ele apresentou a ideia à diretoria, que aceitou falar com o pai de santo.

Acompanhado de alguns diretores, Thobias foi bater à porta do Ilê Asé Iyá Osun (Casa do Axé de Mãe Oxum) — que funciona bem próximo da quadra da escola, desde 1983 — para falar com o babalorixá, Pai Francisco d'Oxum. Fizeram parte dessa comitiva o presidente Neguitão e os diretores Adailson e Claudio. Pai Francisco lembra bem desse dia:

> Confesso que, quando ouvi do seu Thobias a razão da visita, tremi nas bases. Nunca ia imaginar que eu, um dia, receberia, por força dos orixás e de minha mãe Oxum, um convite como esse, de ser um chefe religioso de uma escola de samba. Para mim, era novo demais. Eu tomando conta de uma escola de samba, principalmente do tamanho da Vai-Vai. (Pai Francisco d'Oxum, depoimento concedido em 07/12/2014)

Antes de responder ao convite, o babalorixá solicitou uma carta que tornasse oficial o pedido em nome da comunidade da escola, afirmando que só assim poderia consultar os orixás e saber se teria permissão para assumir a função.

De acordo com Beniste (2010, p. 114), sem a consulta aos orixás, por meio do jogo de búzios, nada pode ser decidido dentro de uma casa de Candomblé. Quando um pai de santo joga as contas de búzios sobre o tabuleiro, formam-se posições, uma espécie de código, chamado de odu.[12] Existem 256 possibilidades que devem ser interpretadas pela sabedoria do sacerdote.

> Os òrìṣá falam durante um jogo, posicionando-se como porta-vozes das mensagens transmitidas pelos odú. [...] Os odú posicionados representam ciência, filosofia e religião de um povo. Explicam o ser humano, a razão e

---

12 "Odù — destino; caminhos; signos do oráculo de Ifá retratados através de poemas (ẹsẹ); há 16 principais (ojú odù) e cada um desses tem mais 16 odù menores (ọmọ odù) ou suodù, totalizando 256 no sistema de Ifá. [...] Ao consultar-se o oráculo, cada odù pode mostrar-se positivo ou negativo. No primeiro caso, diz-se que está em 'ire'; e, no segundo, diz-se que está em 'òdì'. V. òdì; ire; kàdàrà; ìsọ". (JAGUN, 2017, p. 1123)

Figura 11. Paulo Valentim, diretor da velha-guarda da Vai-Vai. Foto: Camila Alexandre (2016).

Figura 12. Pai Francisco d'Oxum. Foto: Claudia Alexandre (2016).

origem de todas as coisas, a vida e a morte, determinam a ética e a moral a serem seguidas; explicam os *òrìṣá* e seus fundamentos, as folhas e tabus, as cores e razões dos ritos religiosos. (BENISTE, 2010, p. 114)

Foi no jogo de búzios que o pai de santo recebeu autorização dos orixás para assumir o papel de responsável religioso da escola de samba Vai-Vai:

> Assim que chegou o documento, cinco dias depois da visita, recorri a Xangô. Fiz a comida, ofereci a ele e esperei a resposta. Xangô respondeu que ajudaria e que eu iria ajudar e muito a escola. Mandei a resposta e fui. Depois me reuni com a comunidade e disse: "Não existe condição de que se vença tudo. Não vim aqui para vocês ganharem sem merecer. Estamos no mundo para ganhar e perder. Venho para trazer paz, amor, união e compreensão". Zelo pela vertente do povo africano, esteja onde estiver. Vejo que, a partir de então, a Vai-Vai teve mais estabilidade emocional. Sei que aquele espaço não é religioso, é público. Estou lá para trabalhar as coisas afrorreligiosas da escola. Uma coisa boa é que eles nunca discutiram comigo sobre axé. Faço o que é preciso fazer, dou a lista, passo todo o custo e a diretoria aprova. Às vezes, chego lá e só saio de madrugada. (Pai Francisco d'Oxum, depoimento concedido em 07/12/2014)

Ao ser questionado sobre como seria possível cuidar de um orixá dentro de uma quadra de escola de samba e manter as práticas religiosas de Candomblé em um ambiente profano, o babalorixá afirmou que a tradição pode ser mantida mesmo fora do espaço físico de um terreiro, para além de seus muros, se assim o orixá quiser.

> No rito religioso, não mudamos nada das tradições e oferendas. Fazemos tudo como manda o orixá, antes, durante e depois. A quadra é fechada para a comida a Exu e Ogum. Fazemos limpeza, sacudimento e toque para os orixás. Sem Exu, a gente não cruza nenhuma estrada, nenhuma encruzilhada. Então, este é mantido a sete chaves e cultuado a sete chaves. Mas, publicamente, o chefe da casa, o patrono da escola de samba Vai-Vai é o nosso glorioso pai Ogum. Veja que Ogum é tão misterioso, é

> o grande orixá que abre os caminhos, que a única mudança está na coi-
> sa ter se tornado pública. Tudo isso sempre teve e poucos sabiam. Hoje,
> não, é o pedido do presidente Neguitão, que disse para mim: "Abra, abra
> as portas e todos podem vir". Hoje, junto com toda a comunidade, quem
> quiser pode participar desse maravilhoso axé. (Pai Francisco d'Oxum,
> depoimento concedido em 07/12/2014)

Com esse pedido de tornar público o culto aos orixás da escola, o presidente, filho de Ogum e devoto de São Jorge, reavivou um dos mitos do orixá
guerreiro: "Ogum é aquele a quem pertence tudo de criativo no mundo,
aquele que tem uma casa onde todos podem entrar" (PRANDI, 2001, p. 99).

Se, nos tempos de Chiclé, práticas de Candomblé eram realizadas no
terreiro de samba com muita discrição, Pai Francisco fala sobre o processo de exposição da identidade religiosa das escolas de samba, que revela a
autoestima das pessoas envolvidas com essas práticas:

> Hoje, em São Paulo, as escolas de samba estão assumindo essa ligação com
> a religião de nossos ancestrais e falam abertamente e com galhardia de
> suas zeladoras e de seus zeladores de santo e dos orixás que tomam con-
> ta. Isso muito me orgulha. (Pai Francisco d'Oxum, depoimento concedi-
> do em 07/12/2014)

2.6.1 Pai Francisco, o babalorixá

Pai Francisco d'Oxum é João Francisco Lima Filho, nascido em Salvador
(BA), em 16 de janeiro de 1954. Filho de João Francisco de Lima, conhecido
como João Xangô de Ouro, e Maria Emília de Jesus, que era filha de Oxum,
ele é o caçula de onze irmãos. Aos três anos de idade, sofreu com a morte
precoce do pai, que cometeu suicídio. Chegou a passar algum tempo em
um orfanato do bairro de Nazaré, depois de ver a mãe distribuir as crianças para as casas de alguns parentes.

Ele contou que, ao completar cinco anos, a mãe foi buscá-lo no orfanato,
mas, dois anos após retornar ao convívio familiar, ela ficou doente e também
faleceu. Nessa época, aos sete anos, Oxum, seu orixá de cabeça, começou a

aparecer em sonhos e visões. Tempos mais tarde, uma doença de pele, que só foi curada sete anos depois em uma sessão espírita por um caboclo de nome Jaguaraci, o colocou no caminho que o levaria ao Candomblé.

> Era casa de Dona Neném, uma mãe de santo que usava muleta porque tinha uma das pernas amputadas e recebia o caboclo Jaguaraci. A entidade chegou à sessão pedindo cachaça e fumando charuto. Uma baforada no rosto e ele já saía falando o problema e o conselho para a pessoa. Na hora certa, ele chegou para a minha irmã, dizendo que ia cuidar de mim. "Ele não é da minha terra. Ele pertence aos africanos." Deu uns banhos que deveriam ser dados por 21 dias, mas que com sete dias já tinham começado a secar as feridas. "Melão-de-são-caetano, guiné e vence-tudo." Com 21 dias, eu já não tinha mais nada. Quando a irmã voltou para agradecer, o caboclo disse que o menino precisaria fazer as coisas para o povo da África. "Se cuide com eles, senão eles vão levar ele embora". (Pai Francisco d'Oxum, depoimento concedido em 07/12/2014)

Assim que se curou, mesmo sem o apoio dos irmãos, João Francisco percorreu vários candomblés da cidade até que, em 1970, conheceu sua mãe de santo, Dona Meruca de Nanã (Ermelinda Soares), filha carnal do famoso babalorixá Manoel Neive Branca.

> Ela jogou os búzios e falou para mim de Oxum, que ela era minha grande rainha. Ela disse coisas que até hoje acontecem. Disse que eu tinha que ser raspado para Oxum, que ela era uma rainha que me daria nome, que eu seria famoso em todo o Brasil. Que cuidaria de pessoas importantes, prefeitos, vereadores, deputados, gente poderosa. "Viva para Oxum. Ela só não te dará uma família de casamento, porque ela te quer 24 horas livre para ela." Entrei para a iniciação em 21 de agosto de 1973 e a festa foi no dia 18 de setembro de 1973. São, portanto, 41 anos de feitura. (Pai Francisco d'Oxum, depoimento concedido em 07/12/2014)

E, assim, aos 23 anos, ele foi iniciado para o orixá Oxum, a grande mãe dos rios e das águas doces, cultuada tanto na África como em Cuba e no Brasil

(VERGER, 1992). No Brasil, ela é sincretizada com Nossa Senhora das Candeias, na Bahia, com Nossa Senhora dos Prazeres, no Recife, e com Nossa Senhora Aparecida, nos estados do Sul e do Sudeste.

> Oxum é chamada de *iyálóde* (ialodê), título conferido à pessoa que ocupa o lugar mais importante entre as mulheres da cidade. Além disso, ela é a rainha de todos os rios e exerce seu poder sobre a água doce, sem a qual a vida na Terra seria impossível. Os seus axés são constituídos por pedras do fundo do rio Oxum, de joias de cobre e de um pente de tartaruga. O amor de Oxum pelo cobre, o metal mais precioso do país iorubá nos tempos antigos, é mencionado nas saudações que lhe são dirigidas:
>
> "Mulher elegante, que tem joias de cobre maciço/ É uma cliente dos mercadores de cobre/ Oxum limpa suas joias de cobre antes de limpar seus filhos."
>
> [...] No Brasil e em Cuba, os adeptos de Oxum usam colares de contas de vidro de cor amarelo-ouro e numerosos braceletes de latão. O dia da semana consagrado a ela é o sábado, e é saudada, como na África, pela expressão "Ore yèyé o!" (Chamemos a benevolência da mãe!). (VERGER, 1992, pp. 175-6)

Em 1983, já instalado em São Paulo, Pai Francisco fundou o terreiro Ilê Asé Iyá Òsún no bairro da Bela Vista. Atualmente, ele funciona na rua Almirante Marquês Leão.

A chegada do pai Francisco d'Oxum mudou a forma de devoção da Vai-Vai, sua relação com as tradições religiosas. O Candomblé passou a ganhar divulgação na mídia com as festas, mas não apenas de uma forma simbólica. Veremos, adiante, como Exu e Ogum foram instalados no espaço físico da escola e são cultuados como se estivessem em um espaço religioso.

3

EXU E OGUM NO TERREIRO DE SAMBA

3.1   O TERREIRO DE SAMBA DA VAI-VAI

A Vai-Vai está localizada, desde 1972, na rua São Vicente 276, no bairro do Bixiga, tornando-se uma referência entre as diversas atrações culturais e gastronômicas instaladas na cidade de São Paulo. Além das atividades internas, em seu espaço são realizadas reuniões comunitárias e campanhas sociais ligadas à cultura, à educação e à saúde, em parceria com o poder público e com a iniciativa privada. Trata-se de um território de sociabilidade de maioria negra que resistiu à especulação imobiliária ao seu redor.

A escola é administrada por uma diretoria executiva composta por presidente, vice-presidente, além de diretores de Carnaval, de harmonia, de bateria e de marketing. A "família Vai-Vai" ou "nação Vai-Vai" é composta por 4 mil pessoas que desfilam nos dias de Carnaval, coordenados pela comissão de Carnaval e pelos chefes das 14 alas, incluindo as alas da bateria, das baianas, das crianças e da velha-guarda, comissão de frente e mestre-sala e porta-bandeira. Nos dias de ensaio, a escola chega a atrair até 15 mil pessoas de vários pontos de São Paulo e de outras cidades.

Diante das coirmãs, como são conhecidas as escolas de samba concorrentes, a Vai-Vai é considerada uma grande campeã. Em 2015, atingiu a marca de quinze campeonatos conquistados, o maior número de títulos entre as escolas paulistanas. No quadro a seguir, estão relacionados todos os títulos ganhos desde que passou a competir como escola de samba, em 1972, com os respectivos temas apresentados no concurso.

Figura 13. Mapa da rua São Vicente, rua Dr. Lourenço Granato e Rua Cardeal Leme. Ilustração: Jamil de Odé sobre imagem do Google Maps.

Quadro 2. Campeonatos da escola de samba Vai-Vai

Ano do campeonato	Tema-enredo
1978	Na Arca de Noel quem entrou não saiu mais
1981	Acredite se quiser
1982	Orún Aiyê — O eterno amanhecer
1986	Do jeito que a gente gosta
1987	A volta ao mundo em 80 minutos
1988	Amado Jorge, a história de uma raça brasileira
1993 (dividido com Camisa Verde e Branco)	Nem tudo que reluz é ouro
1996	A rainha à noite tudo transforma
1998	Banzai! Vai-Vai
1999 (dividido com Gaviões da Fiel)	Nostradamus
2000 (divido com X-9 Paulistana)	Vai-Vai Brasil
2001 (dividido com Nenê de Vila Matilde)	O caminho da luz. A paz universal
2008	Vai-Vai acorda Brasil, a saída é ter esperança
2011	A música venceu
2015	Simplesmente Elis. A fábula de uma voz na transversal do tempo
2020	Vai-Vai de corpo & álamo

Fonte: Secretaria do GRES Vai-Vai, 2021.

Em toda a sua história, apesar da estreita ligação com as religiões afro-brasileiras, identificamos apenas quaatro carnavais nos quais a Vai-Vai tratou do tema:

- 1982: Orún Aiyê — O eterno amanhecer (campeã)
- 1988: Amado Jorge, a história de uma raça brasileira (campeã)
- 2017: No xirê do Anhembi, a Oxum mais bonita surgiu. Menininha Mãe da Bahia — Ialorixá do Brasil (3° lugar)
- 2018: Sambar com Fé eu vou" (10°. Lugar)

• • •

A comunidade da escola também participa ativamente das atividades da Igreja Nossa Senhora Achiropita. A relação, hoje, é melhor que no passado. Como as duas maiores atrações do bairro são a Festa da Achiropita e os ensaios da Vai-Vai, o acordo é que os sambistas só comecem as atividades de rua a partir de setembro, ao findar o mês das celebrações à padroeira que ocorrem em agosto. É comum encontrar integrantes da escola envolvidos em ações comunitárias no mês da festa da santa. Muitas integrantes da ala das baianas ajudam nos preparativos e nas barracas da Festa da Achiropita, assim como muitas "mamas", com as famílias inteiras, desfilam na escola. Além disso, a exemplo de Thobias da Vai-Vai, muitos sambistas participaram da fundação da Pastoral Afro da igreja.

Ao longo do ano, os 4 mil componentes da Vai-Vai são preparados para o desfile no Sambódromo. Todos os ensaios, sejam das alas, da bateria ou do mestre-sala e da porta-bandeira, são realizados na rua, onde um palco fixo está armado de frente para a encruzilhada, honrando o patrono Exu.

Fernando Penteado afirma que a Vai-Vai é a escola da rua:

> Colocamos nosso povo na rua. A Vai-Vai é sinônimo de Bela Vista, nosso terreiro é a Bela Vista toda. No mês de agosto, é assim: tem a festa da santa, e aqui na quadra não tem nada. Que é para não tumultuar o bairro. Mesmo assim, nossas baianas vão todas para lá. Elas se tornam *mamas*, trabalham todos os dias de agosto. Depois, começam as eliminatórias,

> aí as *mamas* vêm para cá e se tornam nossas baianas. A escola não sai na rua, se recolhe, ficamos aqui dentro. Depois, a gente vai para a rua para escolher o samba. Aí, fica preto e branco, que é a nossa cor. Nossa escola é a rua. Montamos e desmontamos a estrutura para nela ficar. Fechamos a rua. Mas há um acordo com os moradores, que têm passagem livre. (Fernando Penteado, depoimento concedido em 10/06/2017)

A quadra da escola possui dois pisos, mas o que mais chama a atenção é a quantidade de altares com imagens de santos. No piso inferior, localizam-se a cozinha, o escritório, o bar, os banheiros e o grande salão, com capacidade para cerca de 450 pessoas. Além de figurinos e fantasias em exposição, no grande salão se encontra um altar, em que estão dispostas uma grande imagem de São Jorge guerreiro, ao lado de uma de Nossa Senhora Aparecida e de imagens menores de São Cosme e São Damião. Junto a um andor, foi colocada outra imagem de São Jorge, com algumas representações de orixás esculpidos com as roupas e paramentos nas cores correspondentes: Exu, Ogum, Oxóssi, Obá, Oxumarê, Nanã e Obaluayê. Próxima a essas imagens, no canto direito e ao fundo do salão, vê-se a porta de entrada do quarto de santo, onde estão assentados Exu e Ogum, além de Oxóssi, Ossaim e os respectivos exus.

Figura 14. Terreiro de samba da Vai-Vai.
Foto: Claudia Alexandre (2016).

Do outro lado do salão, ou seja, de frente para os altares, foi construído no piso superior um pequeno palco em que está afixado o símbolo maior da escola, seu imponente pavilhão, dando a impressão de que ele está assentado. Para os sambistas, a bandeira é como se fosse uma divindade.

> Temos duas bandeiras: uma que fica na quadra, para proteger a comunidade, e a que fica na casa da porta-bandeira. Ela é toda a força de uma comunidade. O pavilhão é nossa proteção, ele é sagrado. Os nossos orixás, aqui, são tratados, e o pavilhão também. É um ritual lá no quarto de santo e outro ali, onde está o pavilhão.[1] O pavilhão agrega a comunidade e os orixás cuidam de nós. (Pai Francisco d'Oxum, depoimento concedido em 03/08/2017)

Na parte superior, um mezanino contorna o salão com mesas e cadeiras, funcionando como camarote em eventos sociais. Há uma grande vitrine com os troféus e prêmios conquistados pela escola, uma exposição de fantasias e uma loja para a venda de produtos com a marca Vai-Vai. Dividindo o espaço com os materiais carnavalescos, três grandes imagens estão dispostas em três altares separados. Logo na entrada do mezanino, encontra-se o primeiro altar, reservado a São Jorge e adornado com flores e velas acesas. Localizado mais ao fundo do espaço, o segundo altar possui uma imagem em tamanho real de São Cosme e São Damião, enfeitado com velas, flores e doces. A vitrine dos troféus abriga também o terceiro altar, no qual se encontram as imagens de São Jorge, Nossa Senhora Aparecida e Nossa Senhora Achiropita.

É comum ver os integrantes da escola cumprimentarem as imagens, fazendo o sinal da cruz, ou simplesmente tocando as mãos nelas. Em um dos ensaios para o Carnaval, na tarde do dia 07/12/2014, presenciamos a seguinte cena:

---

[1] Além do pavilhão da escola, há ainda o pavilhão da velha-guarda e o pavilhão para cerimônias fúnebres, que fica guardado no terreiro do pai de santo, sob os cuidados e os ritos de Pai Francisco.

Figura 15. Altar de São Jorge (Ogum) com velas e flores. Foto: Claudia Alexandre (2016).

Dona Cecília, 69 anos, integrante da ala das baianas, entra na quadra da Vai-Vai para mais uma noite de ensaio. Era dia 9 de dezembro — uma terça-feira. Acompanhada de Dona Bernadete, 71 anos, as duas caminham com passos apressados e com os olhares fixos para o fundo do salão. Seus olhares se direcionam às grandes imagens de São Jorge e Nossa Senhora Aparecida. Os santos estão em um altar, ao lado de uma imagem menor de São Cosme e São Damião. Como sempre, as velas de sete dias estavam acesas na base de cada uma das imagens, com vasos de flores completando o cenário. Em silêncio, as baianas tocam as imagens e fazem o sinal da cruz, correndo em seguida para o vestiário, de onde surgem, minutos depois, vestidas com as saias rodadas. Sorridentes, abraçam outras integrantes no ritual do beija-mão e vão para a rua, de onde se ouvem os sons dos instrumentos da bateria, anunciando o início de mais um ensaio da escola. Desculpando-se pela correria, responde que já está na escola há 47 anos e declara que considera o pavilhão a sua maior paixão. "Esta é minha vida. Sou Vai-Vai até morrer." Na rua, elas se organizam com, aproximadamente, outras 60 mulheres da ala das baianas, além do contingente de pelo menos 3 mil pessoas que participam do ensaio. Pouca gente, se comparado aos dias que antecedem o desfile da escola, que chegam a reunir na rua São Vicente dezenas de milhares de pessoas. A bateria faz as primeiras evoluções e começa a tocar para acompanhar o samba entoado pela ala de canto, que por sua vez acompanha o puxador do samba-enredo de cima do palco montado em plena rua, no entroncamento da encruzilhada, para facilitar a participação da multidão que jamais caberia na quadra da escola.

Nos dias de ensaio, outro rito acontece na rua, quando as alas já estão organizadas e se abrem para a chegada do casal de mestre-sala e porta-bandeira, acompanhados de outros casais mais jovens e de crianças. O casal principal evolui lentamente em direção aos diretores da escola, que estão a postos para a saudação. A bandeira é conduzida a cada um deles, que, com um gesto de respeito, se curva com uma das mãos no peito e outra trazendo o tecido até os lábios. Ao sinal do mestre de bateria, mestre-sala e porta-bandeira se aproximam do pai de santo, Francisco d'Oxum, que abençoa o casal e a bandeira. Um ritual de fé e devoção ao pavilhão da escola, que ali, em plena rua, é apresentado como um objeto sagrado. Apenas após os cumprimentos, o casal começa a girar e a evoluir em meio ao grupo, dando início ao ensaio.

E começa o samba.

3.2   O CANDOMBLÉ DA "NAÇÃO VAI-VAI"

Pai Francisco, que foi iniciado na nação[2] queto-nagô, ou "nagô de queto",[3] explica que as práticas do Candomblé realizadas na escola de samba Vai-Vai seguem, obrigatoriamente, os ritos dessa nação, que tem como sistema de crença o culto aos orixás do grupo linguístico iorubá. "A raiz é queto. O babalorixá é de queto, então, ali, só pode ser uma nação queto."

Segundo Beniste, a religião constituiria o elemento central desse grupo:

> Em todas as coisas, eles são religiosos. Apesar de todos os problemas, é "Deus quem está no controle da situação, durante nascimento, vida e morte". A religião participa tanto da vida deles, que se expressa por si só em vários sentidos: constitui o tema de cânticos e acha veículos em mitos e provérbios que são a base de sua filosofia de vida. (BENISTE, 2010, p. 19)

Para ele, partindo da tradição oral dos iorubás, seria possível entender como esse grupo transmitiu, ao longo das gerações, práticas rituais que atendem ao "corpo das tradições orais" da nação queto-nagô. Os ritos se reproduzem a partir dos oráculos (Ifá), dos mitos, símbolos, cânticos e provérbios, conduzidos pela figura do sacerdote.

---

2   Segundo Silva (1995, p. 109), o termo "nação" faz alusão aos grupos étnicos dos africanos escravizados trazidos ao Brasil e que aqui continuaram praticando, conjuntamente, sua religião de origem nas comunidades de terreiros, transformando-se, assim, em centros aglutinadores das várias tendências de cultos africanos, principalmente nagô, jêje e banto.

3   "Das antigas nações que se fixaram na Bahia nos séculos XVIII e XIX e que foram submetidas, pelo contato, a variados graus de mudança e assimilação, ressalta-se a dos iorubas-nagôs como a que melhor conservou a configuração africana original. [...] a nação de queto passou a significar o rito de todos os nagôs". (LIMA, 2010, p. 125)

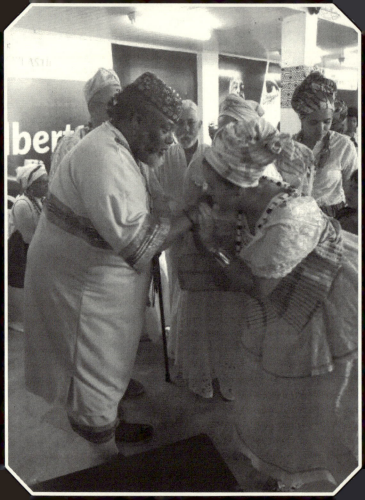

> O iorubá tradicional não se aventura a qualquer coisa que seja sem uma consulta a Ifá. [...] Nos terreiros de Candomblé, a primeira tarefa de uma pessoa, antes de qualquer participação e integração ao grupo, é de passar por uma mesa de jogo para saber suas reais aptidões e as determinações iniciais de seu *òrìṣá*. Nada se realiza dentro do *ẹgbẹ́* sem que antes sejam ouvidos os *òrìṣá*, seja na realização de ritos diversos, iniciações ou mesmo simples obras. (BENISTE, 2010, p. 97)

Embora o Candomblé possa ser caracterizado como uma religião iniciática e de possessão (SILVA, 1995, p. 121), na Vai-Vai são realizados apenas rituais que têm por objetivo manter a sacralização do espaço físico e a proteção da comunidade. Os elementos, símbolos e práticas foram ali introduzidos para que o sagrado se concretizasse e tocasse o grupo de forma particular. Cada um dos integrantes da escola aqui abordados tem consciência de que a quadra de ensaios não é um terreiro de Candomblé. Há, no entanto, vontade coletiva e devoção suficiente para transformá-la no espaço ideal, quando ali o sagrado se faz presente.

Durante o ano, são promovidas duas grandes festas religiosas no terreiro de samba: Procissão e Feijoada de Ogum, no mês de junho, e Festa de Ibeji — São Cosme e São Damião, em outubro. Os preparativos, as obrigações rituais, as oferendas, a estrutura da festa, a afinação dos atabaques e a presença de filhos de santo paramentados — tudo é feito nos moldes dos terreiros de Candomblé. No entanto, como ali se trata de um espaço sacralizado, diferentemente, portanto, do templo, Pai Francisco explica que foi preciso fazer adaptações na sequência do xirê, que é o momento em que se toca, canta e dança para os orixás homenageados.

> O xirê é uma estrutura sequencial de cantigas para todos os orixás cultuados na casa, ou pelo menos pela "nação", indo de Exu a Oxalá. Apesar de conter algumas variações, conforme o terreiro ou a nação, em geral o xirê apresenta a seguinte ordem de homenagem aos orixás: Exu, Ogum, Oxóssi, Obaluayê, Ossaim, Oxumarê, Xangô, Oxum, Logunedé, Iansã, Obá, Nanã, Iemanjá e Oxalá. Durante o xirê, um a um, todos os orixás são saudados e louvados com cantigas próprias, às quais cor-

respondem coreografias que particularizam as características de cada deus. (SILVA, 1995, pp. 142-4)

Nas festas públicas da Vai-Vai que festejam as divindades, até hoje não houve a manifestação de orixás, que podem "incorporar" em seus filhos de santo em qualquer tempo durante os rituais ou xirês realizados nos terreiros de Candomblé.

> É na festa que os orixás vêm à Terra, no corpo de suas filhas, com a finalidade de dançar, de brincar no xirê. [...] é através dos gestos, sutis ou vigorosos, dos ritmos efervescentes ou cadenciados, das cantigas que "falam" das ações e dos atributos dos orixás, que o mito é revivido, que o orixá é vivido, como a soma das cores, brilhos, ritmos, cheiros, movimentos, gostos. A vida dos orixás é o principal tema (e a vinda dos orixás é o principal motivo) da festa. Os deuses incorporam seus eleitos e dançam majestosamente: usam roupas brilhantes, ricas, coroas e cetros, espadas e espelhos; são os personagens principais do drama religioso. [...] Além de ser uma estrutura sequencial ordenadora das cantigas (louvações), o xirê denota também a concepção cosmológica do grupo, funcionando como elemento que "costura" a atuação dos personagens religiosos em função dos papéis e dos momentos adequados à sua representação. (AMARAL, 2002, p. 52)

O pai de santo revela que Oxalá, o grande orixá, patriarca do panteão do Candomblé, não pode ser evocado, ou seja, nos xirês da Vai-Vai, não se canta para Oxalá. É por esse motivo, também, que não há manifestação dos orixás durante as festas, eles apenas ouvem as louvações. Trata-se da única situação em que Pai Francisco diferencia o "templo sagrado", o terreiro de Candomblé, da "quadra sacralizada", o terreiro de samba:

> Eu introduzi o xirê porque você derruba e faz os sacrifícios, o *godopé* (o bicho de quatro pés), você derruba o *oré* (a cabra), você derruba o bicho grande. Você tem que dividir o axé. Nada mais é do que distribuir o axé. As coisas boas... cantar para Ogum. Porque, dessa forma, os orixás ouvem a louvação, porque não tem manifestação. O local não é para manifestação. É local de

Carnaval. O local é preparado para louvação. O local de manifestação é no templo. Ali, não é o templo. É a quadra sacralizada para o orixá ficar. Não é um terreiro de Candomblé. Ali, o máximo que pode acontecer é uma louvação de sete cantigas para cada orixá, menos para Oxalá. Exceto Oxalá. (Pai Francisco d'Oxum, depoimento concedido em 07/12/2014)

Ainda de acordo com ele, Xangô[4] também deve ser tratado com cuidado. "Cantamos para Xangô, mas não fazemos a roda de Xangô. Ele é um orixá muito quente, não seria bom esquentar um lugar de Carnaval com a energia dele."

A rotina para cuidar do espaço sacralizado envolve idas e vindas do babalorixá à quadra, tanto para a limpeza do quarto de santo e dos assentamentos, quanto para a limpeza espiritual (ebós) em todos os espaços internos e externos, com folhas, banhos, defumações e oferendas sacrificiais. Nos dias de festas e de cultos, o babalorixá afirma não hesitar em cumprir todos os preceitos necessários para se louvar os orixás, como o toque dos atabaques, o canto em iorubá e a dança devidamente paramentada.

O pai de santo Renato de Airá, do Ilê Alaketu Airà Osi, situado no Jardim Ângela, zona sul da cidade de São Paulo, sempre que pode, comparece às festas religiosas da Vai-Vai. Ele fala sobre as relações entre samba e Candomblé na escola.

Eu frequento a Vai-Vai desde os sete anos de idade. O que eu sei é das coisas já com o seu Chiclé, que também era filho de Oxóssi. Hoje, a coisa está aberta, mas por muito tempo as coisas por aqui foram veladas, do jeito que era a nossa religião. Aqui na Vai-Vai, sempre teve, mas antes não podia mostrar, houve muita negociação. Eu acho que tem tudo a ver. O samba nasceu dos batuques das senzalas. Essa é a junção perfeita, simplesmente unindo tudo de novo. O samba não está longe do Candomblé, estamos unidos. (Pai Renato de Airá, depoimento concedido em 10/06/2017)

---

4   "Xangô é viril e atrevido, violento e justiceiro; castiga os mentirosos, os ladrões e os malfeitores. Por esse motivo, a morte pelo raio é considerada infamante. Da mesma forma, uma casa atingida por um raio é uma casa marcada pela cólera de Xangô. O símbolo de Xangô é o machado de duas lâminas, estilizado, *osé* (oxé) [...] esse oxé parece ser a estilização de um personagem carregando o fogo sobre a cabeça". (VERGER, 2012, p. 135)

3.3 EXU E O TRIDENTE: NA ENCRUZILHADA DA VAI-VAI

Mapa 2
Vai-Vai: Terreiro Sagrado do Samba
Rua São Vicente/Bexiga

Figura 17. Rua São Vicente: a encruzilhada e o tridente. Ilustração: Jamil de Odé.

Apesar de ostentar vários títulos de campeã e ser reconhecida nacionalmente pela qualidade dos espetáculos que promove durante o concurso de Carnaval, os sambistas da escola contam que, em muitas ocasiões, tiveram problemas com os moradores que foram ocupando a vizinhança por conta do crescimento e da verticalização do bairro. Vez por outra, aparece o boato de que a escola irá deixar seu tradicional endereço. Reinaldo da Silva Soares (1999, p. 91) afirma que a Vai-Vai funciona como um item de resistência negra no Bixiga, tendo suportado "todas as tentativas de expulsão".

Mas o que levaria uma das maiores escolas de samba paulistanas, tanto em tamanho quanto em notoriedade, a preferir manter ainda sua comunidade em um espaço em que mal cabem seus componentes, quanto mais as quase 15 mil pessoas que comparecem em dias de festa e ensaios? "Porque ali tem dono, e o dono é Exu", foi a resposta que ouvi de quase todos os sambistas.

A rua Doutor Lourenço Granato se inicia no cruzamento com a avenida Nove de Julho, próximo à praça 14-Bis. Como uma reta, ela avança até o ponto em que se encontra com as ruas São Vicente e Cardeal Leme, formando a esquina em que se situa o terreiro da Vai-Vai. Dessa encruzilhada, cada uma das ruas prolonga-se em linha reta, de maneira que, visto de cima, forma-se o desenho de um garfo de três pontas, um tridente.

Vagner Gonçalves da Silva, ao refletir sobre a destinação de ebós em locais externos aos terreiros, como o fato de Exu receber seus ebós nas encruzilhadas, cita Touré e Konaté:

> ponto de encontro dos homens entre eles e dos homens com os gênios, a encruzilhada [...] concentra e condensa as forças dos quatro pontos cardeais. Ninguém pode viver sem passar por uma encruzilhada. (TOURÉ; KONATÉ, 1990, p. 165 apud SILVA, 1995, p. 227)

Pai Francisco d'Oxum confirma que, na esquina da escola de samba, são realizados os rituais sacrificiais para o "Exu da Vai-Vai".[5] O assentamento do orixá está no quarto de santo, mas é ali na esquina, ao ar livre, espaço de circulação intensa e de aglomeração em dias de festa, que ele "come" e recebe todas as honras. O pai de santo confirma:

> Sim, Exu come lá! Ali é dele. É feito no horário certo. Eu coloco tudo dele lá. Tem o cruzamento das ruas ele fica no meio. Do outro lado, é da Exua, o feminino dele. O casal come na rua. (Pai Francisco d'Oxum, depoimento concedido em 07/12/2014)

É notório que a chegada de Exu na Vai-Vai aconteceu na época do presidente Chiclé, em 1972. Agora, quando e quem fez o assentamento, ninguém sabe. Ao ser perguntado sobre quem o teria assentado, Pai Francisco respondeu:

> Não perguntei, apenas cuido do que encontrei. Quando eu cheguei, ele já estava assentado. Ele é da Vai-Vai. Eu sei o nome, mas não posso dizer a ninguém. Se um dia eu sair, só posso revelar para a pessoa que for me substituir. Mesmo assim, muita coisa que foi feita por mim, caso eu saia, vou levar comigo. Sem Exu, não tem caminho. O orixá que está ali, assim como os outros, são os que aceitam o ambiente de festa. São seis exus no

---

5 "Nas religiões afro-brasileiras, um dos principais rituais é justamente o de oferecer alimentos aos orixás. Conforme muitos mitos, há os deuses que precisam ser alimentados, vestidos, paramentados, enfeitados, que não suportam sentir-se sozinhos, que precisam de seres humanos para viver e desfrutar de uma situação de bem-estar". (VILHENA, 2005, p. 74)

total, entre masculino e feminino. Além dos bichos, eu também trato com bebida e charuto, com tudo o que ele gosta e tem direito. (Pai Francisco d'Oxum, depoimento concedido em 18/08/2017)

Segundo Silva (1995, p. 228), a entrega dos ebós[6] (oferendas) de Exu realiza-se nas encruzilhadas por volta da meia-noite, seja porque nesse horário se evidencia a transformação ou o limite entre o dia que finda e o outro que se inicia, seja porque as ruas da cidade tornam-se menos movimentadas.

O tridente é o símbolo mais usado na confecção de ferramentas de ferro (objetos sagrados) associadas a Exu. Em geral, essas ferramentas possuem a forma de um garfo de três pontas para os exus masculinos e de um garfo de duas pontas para a versão feminina. Chamada de pombagira, seu culto vem da África Central e, no Brasil, nas primeiras décadas do século XX, já era representada em assentamentos de Exu como uma boneca vestida de vermelho (CARNEIRO, 1937, fig. 6 apud SILVA, 2015, p. 50). O falo (ogó) e o tridente (cetro) seriam os principais apetrechos rituais dessa entidade, que sempre está acompanhada de sua versão feminina e geralmente representa o guardião de um orixá.

> Exu movimenta-se no tempo e no espaço rapidamente por meio do ogó que ele usa também para atrair objetos distantes (VERGER, 1999, p. 136). A encruzilhada, por ser encontro de dois caminhos, é um dos espaços preferenciais para a realização de suas oferendas. [...] A ênfase mítica na simbologia do falo e da vagina parece ter sido reelaborada nas formas geométricas do tridente e dos lugares de oferenda, cujas linhas aludem ao corpo humano em sua diferenciação por gênero. [...] Os garfos de pontas triplas ou duplas, por serem sínteses das ideias de encontro, transição, passagem e sexualidade, se tornaram potentes símbolos transnacionais do orixá, vistos em seus pontos riscados e ferramentas. (SILVA, 2015, pp. 51-3)

6   "O ebó, no sentido amplo de oferecimento de animais ou outros objetos, é um dos principais e mais frequentes meios de propiciar beneficamente as divindades das religiões afrobrasileiras para realizarem os desejos humanos, ou de agradecer dádivas recebidas, ou ainda simplesmente reafirmar laços de união destas com seus filhos" (Silva, 1995, p. 224).

Como o mais controverso dos orixás, Exu recebeu dos estudiosos inúmeras definições, dentre elas a que afirma que ele guardaria em sua força (axé) um lado bom e, ao mesmo tempo, outro astucioso, grosseiro, vaidoso e indecente. Aspectos que fizeram com que, nos primeiros contatos com comunidades africanas, missionários não hesitassem em associá-lo ao diabo, "dele fazendo o símbolo de tudo o que é maldade, perversidade, abjeção, ódio, em oposição à bondade, à pureza, à elevação e ao amor de Deus" (VERGER, 1992, p. 126).

Na tradição afrorreligiosa, Exu tem lugar de poder e nada se faz sem primeiramente se recorrer a ele, sem que as primeiras oferendas lhe sejam devidamente entregues. Ele é também chamado de "compadre", de "homem das encruzilhadas", aquele que abre e fecha os caminhos. É o mensageiro de todos os orixás, porque assim o fez Olodumaré (Olorum), o Ser Supremo. Considerado como o mais humano dos orixás, nem tão bom nem tão mau, no Candomblé nada pode ser feito se Exu estiver contrariado.

> Exu é o guardião dos templos, das casas, das cidades e das pessoas. É também ele que serve de intermediário entre os homens e os deuses. Por essa razão é que nada se faz sem ele e sem que as oferendas lhe sejam feitas, antes de qualquer outro orixá, para neutralizar suas tendências a provocar mal-entendidos entre os seres humanos e em suas relações com os deuses, e até mesmo dos deuses entre si. (VERGER, 1992, p. 76)

Embora Exu tenha representações diferentes na Umbanda — na qual pode ser relacionado com imagens diabólicas pintadas de vermelho —, no Candomblé, além da afinidade com tridentes e ferramentas de ferro com pontas e setas, é também representado por elementos como pedras e esculturas de terra em forma de homem, com símbolos característicos que remetem a um falo em forma de porrete (ogó).

Ao tentar compreender o papel desempenhado por Exu na prática ritual, Juana Elbein dos Santos (2001) lembra que, como ele constitui elemento inseparável de todos os seres naturais e sobrenaturais, Exu deve ser cultuado junto com cada um deles. Ou seja, sem sua colaboração a dinâmica ritual ficaria paralisada.

Cada indivíduo, cada família, cada linhagem, cada templo, cada "terreiro", qualquer que seja o *òrìṣá* patrono, deverá cultuar seu *èṣù* respectivo. Qualquer que seja o rito a ser celebrado, seja público ou privado, *èṣù* deverá participar inseparavelmente. (SANTOS, 2001, pp. 182-3)

3.3.1 Mito: Exu ganha o poder sobre as encruzilhadas

A encruzilhada é o grande palácio do orixá Exu, encontro de duas vias, de dois caminhos, e indício de que, para os seres humanos, sempre haverá uma possibilidade após a outra. Também pode significar que se deve pedir licença ao grande senhor das encruzilhadas antes de escolher o caminho.

O mito a seguir refere-se ao local onde está instalado o terreiro de samba da Vai-Vai e serve para que nunca nos esqueçamos da máxima: "ninguém deve passar por uma encruzilhada sem pagar para Exu".

Exu não tinha riqueza, não tinha fazenda, não tinha rio, não tinha profissão, nem artes, nem missão. Exu vagabundeava pelo mundo sem paradeiro. Então, um dia, Exu passou a ir à casa de Oxalá. Ia à casa de Oxalá todos os dias.

Na casa de Oxalá, Exu se distraía, vendo o velho fabricando os seres humanos. Muitos e muitos também vinham visitar Oxalá, mas ali ficavam pouco, quatro dias, oito dias, e nada aprendiam. Traziam oferendas, viam o velho orixá, apreciavam sua obra e partiam.

Exu ficou na casa de Oxalá dezesseis anos. Exu prestava muita atenção na modelagem e aprendeu como Oxalá fabricava as mãos, os pés, a boca, os olhos, o pênis dos homens, as mãos, os pés, a boca, os olhos, a vagina das mulheres. Durante dezesseis anos, ali ficou ajudando o velho orixá. Exu não perguntava. Exu observava. Exu prestava atenção. Exu aprendeu tudo.

Um dia, Oxalá disse a Exu para ir postar-se na encruzilhada por onde passavam os que vinham à sua casa. Para ficar ali, e não deixar passar quem não trouxesse uma oferenda a Oxalá.

Cada vez mais, havia mais humanos para Oxalá fazer. Oxalá não queria perder tempo recolhendo os presentes que todos lhe ofereciam. Oxalá nem tinha tempo para as visitas. Exu tinha aprendido tudo e agora podia ajudar Oxalá. Exu coletava os ebós para Oxalá. Exu recebia as oferendas e as entregava a Oxalá.

Exu fazia bem o seu trabalho, e Oxalá decidiu recompensá-lo. Assim, quem viesse à casa de Oxalá, teria que pagar também alguma coisa a Exu. Quem estivesse voltando da casa de Oxalá também pagaria alguma coisa a Exu.

Exu mantinha-se sempre a postos, guardando a casa de Oxalá. Armado de um ogó, poderoso porrete, afastava os indesejáveis e punia quem tentasse burlar sua vigilância.

Exu trabalhava demais e fez ali sua casa, ali na encruzilhada. Ganhou uma rendosa profissão, ganhou seu lugar, sua casa. Exu ficou rico e poderoso. Ninguém pode mais passar pela encruzilhada sem pagar alguma coisa a Exu. (PRANDI, 2001, p. 40)

3.4 OGUM ABRE OS CAMINHOS PARA A VAI-VAI PASSAR

Ogum foi o segundo orixá a ser assentado na Vai-Vai, sendo alçado a patrono da escola, em 2010, com a presidência de Neguitão. Devoto de São Jorge e filho de Ogum, foi ele que, em 2011, revelou em rede nacional sua devoção ao agradecer a "pai Ogum" pelo campeonato conquistado naquele ano.

Pai Francisco conta que, desde que se tornou o responsável religioso da escola, e por ordem do presidente, ele passou a organizar a Procissão e Feijoada de Ogum, da mesma maneira como é realizada em terreiros de Candomblé. A festa passou a integrar o calendário da escola.

Além da festa, a devoção do presidente a Ogum se expressa pela quantidade de imagens, em tamanho natural, que estão espalhadas pela sede da escola, totalizando quatro. Na porta, pintada de branco, do quarto de santo do terreiro de samba, foi pendurado um laço de cor azul-índigo, cor associada ao orixá, e um mariuô,[7] folha de dendezeiro desfiada, representando o axé do orixá.

---

7   "Elemento utilizado em rituais de Candomblé feito à base de folhas de dendezeiro desfiadas manualmente, através de ritual próprio, onde só homens podem participar. [...] O *màrìwò* é um símbolo de proteção para a casa de Candomblé, razão pela qual fica pendurado nas portas e janelas dos quartos de *òrìṣà*. O *màrìwò* também serve como adereço para as vestimentas de alguns *òrìṣà*, como Ògún e Oya". (JAGUN, 2017, p. 1109)

Figura 18. Procissão de Ogum aguarda o padre na Igreja Achiropita. Foto: Claudia Alexandre (2017).

Verger afirma que Ogum, com seu poder incomparável, é considerado o orixá cuja "importância está associada ao fato de que, sem sua permissão e sem sua proteção, nenhum dos trabalhos e das atividades úteis e proveitosas seriam possíveis. Ele é, então e sempre, o primeiro, e abre o caminho para os outros orixás". Assim, é ele que deve ser saudado logo após Exu. Comumente, Ogum é descrito na literatura como o deus do ferro, dos ferreiros e de todos aqueles que utilizam o metal: agricultores, caçadores, açougueiros, barbeiros, marceneiros, carpinteiros e escultores.

> Ogum é único, mas em Irê diz-se que ele é composto de sete partes. *Ògún méjèèje lóde Ìré*, frase que faz alusão às sete aldeias, hoje desaparecidas, que existiriam em volta de Irê. O número sete é, pois, associado a Ogum, e ele é representado nos lugares que lhe são consagrados por instrumentos de ferro, em número de 7, 14 ou 21, pendurados numa haste horizontal, também de ferro: lança, espada, enxada, torquês, facão, ponta de flechas e enxó, símbolos de suas atividades. (VERGER, 1992, p. 87)

Ao destacar os atributos "pré-históricos" de Ogum, o orixá guerreiro, Santos (2001) estabelece significativas associações entre ele e Exu, explicitando a razão de eles serem considerados orixás irmãos:

> aquele que toma a vanguarda, aquele que vai à frente dos outros, o que precede, o converte no símbolo do primogênito que, através de sua agressão, de seu machete, abre o caminho para quem o segue. É um desbravador em todo o sentido do termo. A imagem que seus mitos nos transmitem nos conduz a associá-lo à do homem pré-histórico, violento e pioneiro. Ele caça e inventa as armas e as ferramentas, primeiro de pedra, depois de ferro. Depois de ter sido um destemido caçador, conhecedor dos segredos da floresta, ele se fez ferreiro e soldado. Está associado àquela remota época e em que o caçador foi a vanguarda da civilização. Sua primogenitura o converte em irmão quase gêmeo de Èṣú, com o qual se confunde frequentemente; mas o exame pormenorizado de Èṣú permitir-nos-á apreciar o que os diferencia: enquanto Èṣú é um símbolo coletivo, um princípio, o elemento terceiro, Ògún constitui um aspecto desse símbolo, provavelmente o mais violento. (SANTOS, 2001, p. 93)

Na tradição do Candomblé e demais religiões afro-brasileiras, cada divindade possui seus filhos, nos quais podem, ou não, incorporar, tomar posse, mas a todos transfere algumas características ou arquétipos. Verger, citando a tese de Giséle Cossard, *Candomblé Angola* (1970), explica que os arquétipos seriam traços comuns, tanto no biotipo como em características psicológicas, encontrados em pessoas do mesmo orixá: "Os corpos parecem trazer, mais ou menos profundamente, segundo os indivíduos, a marca das forças mentais e psicológicas que os animam" (COSSARD, 1970, p. 34 apud VERGER, 1992, p. 93). Aos filhos de Ogum, corresponderiam as seguintes características:

> O arquétipo de Ogum é o das pessoas violentas, briguentas e impulsivas, incapazes de perdoar as ofensas de que foram vítimas. Das pessoas que perseguem energicamente seus objetivos e não se desencorajam facilmente. Daqueles que nos momentos difíceis triunfam onde qualquer

> outro teria abandonado o combate e perdido toda a esperança. Das que possuem humor mutável, passando de furiosos acessos de raiva ao mais tranquilo dos comportamentos. Finalmente, é o arquétipo das pessoas impetuosas e arrogantes, daquelas que se arriscam a melindrar os outros por certa falta de discrição quando lhes prestam serviço, mas que, devido à sinceridade e franqueza de suas intenções, tornam-se difíceis de serem odiadas. (VERGER, 1992, p. 93)

Na Bahia, Ogum foi sincretizado com Santo Antônio de Pádua, que também costuma ser identificado com o orixá Oxóssi, o grande caçador. No Rio de Janeiro, no entanto, ele está associado à imagem de São Jorge, um valente guerreiro, vestido de armadura, montado em um cavalo e empunhando sua lança, com a qual atravessa um dragão enfurecido. Pierre Verger também observou essa relação:

> o que é compreensível, em relação aos dois orixás, pois São Jorge é apresentado nas gravuras como um valente cavaleiro, vestido em brilhante armadura, montado sobre um cavalo ricamente ajaezado em ferro, que bate no chão com as patas e caracola. Armado com uma lança, São Jorge da Capadócia mata um dragão enfurecido, caça predileta do deus dos caçadores. Para maior satisfação do deus dos guerreiros, "no Rio de Janeiro, desde os tempos do Império", segundo Arthur Ramos, "São Jorge aparecia nas procissões montado num cavalo branco, com honras de coronel e recebendo as continências da tropa à sua passagem [...]". (VERGER, 1992, pp. 26-7)

Denominada por Verger, e por muitos pesquisadores, como sincretismo, a aproximação entre os santos católicos e as divindades africanas começou a ser descrita a partir da chegada dos primeiros navios negreiros ao Brasil, com o processo de conversão dos africanos ao Catolicismo.

> Os santos católicos, ao se aproximarem dos deuses africanos, tornavam-se mais compreensíveis e familiares aos recém-convertidos. É difícil saber se essa tentativa contribuiu efetivamente para converter africanos, ou se ela os encorajou na utilização dos santos para dissimular as suas verdadeiras crenças. (VERGER, 1992, p. 27)

Figura 19. Procissão de Ogum, 2017.
Foto: Claudia Alexandre (2017).

No Candomblé, os devotos e iniciados de Ogum usam colares de contas transparentes na cor azul-escuro, consagram a terça-feira para oferendas, rendendo-lhe homenagens em 23 de abril, dia de Ogum. Na Umbanda, muitos associam a cor vermelha ao orixá, uma referência à cor da capa com a qual o guerreiro aparece nas imagens.

Sendo São Jorge e Ogum elevados ao mesmo patamar nas religiões afro-brasileiras, significando uma única divindade, a imagem do guerreiro em seu cavalo está presente não apenas nos altares de terreiros de Umbanda e Candomblé, mas também em muitas quadras de escolas de samba em São Paulo, como é o caso da Vai-Vai.

Osvaldinho da Cuíca observa a predominância de São Jorge Guerreiro:

> Pode reparar que toda quadra de escola de samba tem, pelo menos em um cantinho, seu São Jorge. É Ogum, é proteção, é a grande ligação que o sambista tem com a sua cultura e com a sua religião. Na Vai-Vai, ele é o nosso padrinho, é o protetor, mas não é só lá. Ogum, iê![8] (Osvaldinho da Cuíca, depoimento concedido em 30/9/2014)

3.4.1 Mito: Ogum ensina aos homens as artes da agricultura

A partir do mito a seguir, relacionamos algumas características do orixá Ogum com a função de protetor que ele ganha na escola de samba Vai-Vai. Além de ser o grande guerreiro caçador, este orixá também proporciona criatividade aos seus protegidos e permite que sua casa esteja de portas abertas para todos.

> Ogum andava aborrecido no Orum, queria voltar ao Aiyê e ensinar aos homens tudo aquilo que aprendera. Mas ele desejava ser ainda mais forte e poderoso, para ser por todos admirado por sua autoridade. Foi consultar Ifá, que lhe recomendou um ebó para abrir os caminhos.

---

8   "Saudação ao orixá Ogum. *Ògún yè!* (Ògún é vida!), *Pàtàkòrí!* (O importante!) e *Pàtàkòríje'sèje'sè!* (O mais importante neste banquete!)". (JAGUN, 2017, p. 1125)

Ogum providenciou tudo antes de descer à Terra. Veio ao Aiyê e aqui fez o pretendido. Em pouco tempo, foi reconhecido por seus feitos. Cultivou a terra e plantou, fazendo com que dela o milho e o inhame brotassem em abundância. Ogum ensinou aos homens a produção do alimento, dando-lhes o segredo da colheita, tornando-se, assim, o patrono da agricultura. Ensinou a caçar e a forjar o ferro. Por tudo isso foi aclamado rei de Irê, o Onirê. Ogum é aquele a quem pertence tudo de criativo no mundo, aquele que tem uma casa onde todos podem entrar. (PRANDI, 2001, pp. 98-9)

3.5 UM QUARTO DE SANTO NO TERREIRO DE SAMBA

Como visto, além dos altares dedicados ao santo guerreiro, com imagens, flores e velas acesas, dentro da quadra da escola de samba Vai-Vai existe um cômodo para todos os objetos sagrados e assentamentos dos orixás. É onde estão Exu, Ogum e, ainda, Ossaim,[9] todos acompanhados por um casal de exus. Quando questionado como foi possível a transformação de parte de um espaço profano em sagrado, o pai de santo parece não achar nada inusitado, conforme ele mesmo afirma: "nada é impossível quando um orixá quer". Perguntado sobre quais orixás estariam no quarto, Pai Francisco responde:

Exu e Exua [o feminino], o macho e a fêmea, o casal. Ogum e o exu do Ogum, Oxóssi e o exu do Oxóssi, Ossaim e o exu do Ossaim. Não posso dizer o nome, nem a qualidade de nenhum deles. O casal de exus cuida do povo que vem na quadra. O Exu cuida dos homens e a Exua cuida das mulheres. Você viu que cada um tem a sua encruzilhada. Temos o ibá do exu de Ogum; o ibá do exu de Oxóssi e o do exu de Ossaim, com qualidades distintas para poder caber no local, onde tem festa, bebida e

9   "S. *òrìṣà* masculino originário da cidade iorubá de Ìràwó (na fronteira com Daomé) que é o dono das folhas, médico e conhecedor das propriedades medicinais da flora" (JAGUN, 2017, p. 619). Pai Francisco lembra que *kò sí ewé kò sí òrìṣà* (sem folha, não há Candomblé).

Figura 20. Porta do quarto de santo (ilê orixá) com folhas desfiadas de mariuô. Foto: Claudia Alexandre (2016).

samba. Não é qualquer orixá que aceita não! São orixás que podem estar onde tem o movimento que tem na Vai-Vai. Ossaim e Oxóssi estão, porque são inseparáveis. Tenho ali uma família completa. É como a família da Vai-Vai: se queremos todos juntos, temos que cuidar da família. (Pai Francisco d'Oxum, depoimento concedido em 18/08/2017)

É apenas por intermédio de uma autoridade como a de um pai de santo que os objetivos de um culto de Candomblé podem ser alcançados. Santos (2001) explica que o axé mais poderoso e atuante dos orixás reside na pessoa do chefe supremo, o maior conhecedor das experiências rituais e místicas.

Ela [a pessoa] será responsável não só pela guarda de templos, altares, ornamentos e de todos os objetos sagrados, como também deverá, sobretudo, zelar pela preservação do àṣẹ, que se manterá ativo na vida do terreiro. (SANTOS, 2001, p. 43)

No ilê orixá, ou quarto de santo, somente podem entrar pessoas iniciadas e autorizadas. Lá, são realizadas as oferendas sacrificiais e os rituais necessários para a manutenção do axé, para que os patronos, satisfeitos, possam distribuí-lo para a comunidade do samba. No dia em que Pai Francisco d'Oxum está na Vai-Vai para abrir o quarto de santo e "cuidar" dos orixás, todos são previamente avisados e proibidos de irem até a quadra. Apenas podem entrar aqueles já autorizados e preparados para o contato com os orixás.

Dentro do quarto, estão os "assentos" ou assentamentos específicos dos orixás patronos. São os objetos de adoração, cada um acompanhado de vasilhas (ibás), símbolos e elementos correspondentes, que podem ser de madeira, porcelana, barro, palha, couro, pedras, contas e metais de variadas cores e formas.

Para garantir a sacralização do ambiente, periodicamente a quadra recebe rituais de limpeza, chamados de sacudimentos, além de oferendas e ritos secretos. Quando os rituais ocorrem, muitas vezes são usados os atabaques trazidos do terreiro do pai de santo. Pai Francisco dá uma ideia da complexidade e do volume do trabalho empregado:

Seguimos tudo como tem que ser. Muitas vezes, eu chego com meu pessoal à noite e trabalhamos até o outro dia. Às vezes, quando amanhece, eles estão chegando para as atividades da escola e eu estou recolhendo minhas coisas. (Pai Francisco d'Oxum, depoimento concedido em 18/08/2017)

Na Vai-Vai, as atividades religiosas se tornam mais intensas no período que antecede o Carnaval. Nessa época, Pai Francisco fica inteiramente à disposição da comunidade, cuidando de todos os rituais e oferendas necessários para manter o equilíbrio do grupo. No último ensaio pelas ruas da escola, na véspera do desfile, o pai de santo conduz, junto com o pároco da Igreja Nossa Senhora Achiropita, o "Ensaio da Benção", uma cerimônia que inclui as últimas saudações coletivas aos orixás Exu e Ogum, a fim de garantir um bom desfile para a comunidade da escola.

Ao ser perguntado sobre a questão da transmissão da tradição religiosa para as novas gerações, Pai Francisco afirma que a participação da comunidade do samba nesses rituais não pode ser comparada com o envolvimento de um filho de santo de Candomblé que procura a religião porque quer fazer parte dela. Ainda que todos saibam do envolvimento da escola com as tradições religiosas, é o samba que atrai: "A religião deles é isso aqui, a religião deles é o samba".

3.6 PROCISSÃO E FEIJOADA DE OGUM NO TERREIRO DE SAMBA

A festa que abre o calendário religioso da escola de samba Vai-Vai é dedicada ao orixá patrono da escola, Ogum, que no sincretismo é São Jorge, aquele que vai à frente e abre os caminhos. Propositalmente, ela é realizada na abertura dos preparativos para o Carnaval seguinte, geralmente no período em que a comunidade inicia o concurso para a escolha do samba-enredo que será executado no desfile.

Em muitas casas de Candomblé, principalmente nas mais tradicionais da Bahia, a feijoada é um prato servido tradicionalmente em dias de festa para Ogum. Os antigos afirmam que, embora a comida não fosse originariamente oferecida ao orixá, esse tipo de festa passou a ser incluí-do no calendário afrorreligioso. A tradição começou em Salvador, após Procópio de Ogum, um famoso pai de santo do Terreiro de Ogunjá, ter que cumprir uma promessa ao orixá, que lhe teria cobrado por uma desfeita. Para se retratar diante do malfeito, ele passou a distribuir a comida para a comunidade. A festa ficou tão famosa que o bairro, que era conhecido como Vasco da Gama, por causa da avenida que o corta, passou a ser chamado de Ogunjá. Tornou-se, assim, uma tradição entre o povo do santo oferecer a feijoada à comunidade nas festas em homenagem ao orixá, sempre com fartura de carnes.

Nos últimos anos, a Procissão e Feijoada de Ogum da Vai-Vai tem ganhado vulto sobretudo devido ao esforço do próprio presidente da escola, Neguitão, filho de Ogum e devoto do santo guerreiro. O público é composto por componentes da escola, principalmente das alas da velha--guarda e das baianas, diretores e chefes de alas, que comparecem para receber os integrantes de outras agremiações, que vêm acompanhados dos respectivos pavilhões. Além deles, os babalorixás e as ialorixás, convidados de Pai Francisco, seguem com a imagem do santo em procissão. Depois da festa religiosa, quando é servida a feijoada de Ogum, sempre às 18h, a diretoria revela para a comunidade o enredo do próximo ano. Na sequência, a ala de compositores, acompanhada da bateria, garante a animação até por volta das 23h, quando termina a festa.

A seguir, um relato descritivo da Procissão e Feijoada de Ogum da Vai-Vai, realizada no dia 10 de junho de 2017, incluindo alguns dos rituais de preparação:

> São 9h da manhã na Bela Vista. Na rua São Vicente, o movimento é de festa. Dia da Procissão e Feijoada de Ogum da escola de samba Vai-Vai. No terreiro de samba, elementos simbólicos de Candomblé ficam mais evidentes e vão aos poucos dominando o espaço que, em poucas horas, se transformará em terreiro sagrado. Pelo menos 200 cadeiras são dispostas no centro da quadra — que passa a ter o formato de um auditório —, ao lado de uma fileira de mesas decoradas, onde mais tarde será servida a feijoada, a comida associada ao orixá. Bem de frente, encontra-se o altar com

Figura 21. Ala das baianas na Procissão de Ogum. Foto: Claudia Alexandre (2017).

as imagens de São Jorge, de Nossa Senhora Aparecida e dos santos gêmeos São Cosme e São Damião. As velas e os vasos de flores também foram arrumados. Ao lado, em um andor enfeitado, outra imagem do santo guerreiro, a que será carregada na procissão. Outras esculturas decorativas de orixás estão dispostas no chão.

À direita das imagens, centralmente colocada — como um trono —, está a cadeira do pai de santo, ladeada por três atabaques. Os tambores sagrados, que tocarão para Ogum, foram "vestidos" com ojás, um tecido nas cores do orixá patrono. Um pouco mais à direita, vê-se a porta do quarto de santo, enfeitada com um laço, indicando se tratar de um dia de festa.

O casal de mestre-sala e porta-bandeira da Vai-Vai realiza a recepção dos pavilhões das escolas coirmãs que vão chegando à quadra da escola e dando as boas-vindas aos sambistas de várias comunidades, aos sacerdotes, às sacerdotisas, às filhas e aos filhos de santo, que sempre prestigiam a festa comandada pelo Pai Francisco. Os membros da diretoria, da velha-guarda e das baianas, todos em traje de festa, completam o receptivo. Estampados nas camisetas, o símbolo da escola e do enredo, que será anunciado no fim do dia. A homenagem a Gilberto Gil, no Carnaval de 2018, começa a ser revelada — seja nas camisetas, seja nas paredes da escola adornadas com imagens do cantor.

São 10h e os convidados e componentes da escola, em pouco tempo, lotam o espaço. Os representantes das outras escolas, com roupas de cores correspondentes às suas agremiações, dão um colorido especial ao ambiente. Todos chegam acompanhados dos pavilhões das respectivas escolas, trazidos pelos casais de porta-bandeira e mestre-sala. Ao entrarem, se dirigem ao pavilhão da anfitriã e ao casal da Vai-Vai, passando a cumprir o ritual de saudação à bandeira, sendo, então, encaminhados a suportes onde colocam seus pavilhões. Os religiosos convidados cumprimentam a todos. No entanto, ao avistarem Pai Francisco, trocam bênçãos com o babalorixá.

Lá fora, a rua São Vicente, cujo trânsito foi interditado às 7h, começa a ser ocupada pelos sambistas. No centro da encruzilhada, em frente ao palco fixo, os ritmistas da bateria são preparados por Tadeu, o mestre de bateria, e já começam a tirar o som dos instrumentos. Pai Francisco e Neguitão dirigem-se à calçada pela porta lateral que dá acesso à cozinha.

Eles foram chamados para acompanhar a chegada das panelas com a feijoada, que foram trazidas na carroceria de uma caminhonete. Enquanto as panelas são retiradas, com cuidado, pelo pessoal da harmonia, a bateria rufa, e Pai Francisco d'Oxum e Neguitão aplaudem. O presidente beija as mãos do pai de santo e eles se abraçam.

Assim que a feijoada é acomodada dentro da quadra, o andor com a imagem de São Jorge começa a ser carregado pelos diretores e pelo presidente da escola. Como em uma festa de orixá no terreiro de Candomblé, ouvem-se fogos. A imagem é retirada de costas, como se o cavaleiro continuasse olhando para dentro do terreiro, para a porta do quarto de santo, até ser levada para fora da quadra. Pai Francisco segue à frente do cortejo, junto com os sacerdotes e sacerdotisas, seguindo dos pavilhões, a ala das baianas e os demais sambistas. Ogum está na rua; a procissão vai começar.

3.6.1 A preparação da festa de Ogum

Todo paramentado, Pai Francisco revelou que, em dia de festa, escolhe sempre uma roupa especial. Apesar da exaustão, estava visivelmente emocionado. Além de Ogum, é um dia em que ele também se torna uma atração.

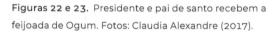

Figuras 22 e 23. Presidente e pai de santo recebem a feijoada de Ogum. Fotos: Claudia Alexandre (2017).

Ele mesmo faz questão de organizar a feijoada de Ogum, desde as compras até os temperos. Quem chega à festa nem imagina que sua preparação demandou duas semanas de trabalho do pai de santo, envolvendo a preparação de oferendas e dos rituais sacrificiais, além da sacralização do espaço físico:

Eu tiro duas semanas, praticamente, para essa Procissão de Ogum. A primeira é para as oferendas aos orixás, uma semana para fazer isso. Exu é na segunda-feira, arreio as obrigações, a comida, tudo o que ele come, bebidas, uísque, charuto, cigarro. Tudo que tem que oferecer a ele. Três dias depois, eu levanto, levo para a encruzilhada ou para a estrada de terra. E, na quinta-feira, eu já dou comida a Ogum. Fica três dias, na quinta, na sexta e, no sábado à noite, já suspendo e levo para a mata o descarrego de Ogum. Por que tem que ser assim? Porque no dia da feijoada não pode ter oferenda nenhuma, nem para Exu nem para Ogum dentro da casa. Os dois orixás, Exu e Ogum, eles têm que ter recebido os axés, todos os ibás, têm que ter recebido o ossé,[10] que é a purificação, limpar tudo, não pode ter nenhum vestígio do èjè [sangue]. E assim já fico livre e tudo certo.

Quando chega na próxima segunda-feira, Exu já está lavado. Ogum já está com o ossé dado. O quarto de santo está limpo. Tudo asseado. Porque aí é pensar no dia da festa. É hora de correr só para feijoada.

Então, o que vai ser colocado ali no quarto durante a semana é o que nós chamamos do "embossé" — a comida seca — inhames, os milhos torrados.

Começa a semana, e já vamos às compras para a feijoada. Eu vou pessoalmente ao Brás para comprar as coisas. É para Ogum, mas eu gosto de escolher como se fosse para mim. Eu já chego, já conheço e já me conhecem. Loja Irmãos Chitão, compro lá antes da Vai-Vai, para o Ogum da minha casa. Eles me conhecem e sabem que é para Ogum. Eu já compro lá há 35 anos. O rapaz que me atende hoje eu vi no colo da mãe. A mãe hoje fica em casa e ele que atende. Às vezes, o dinheiro está curto, eu escolho e volto depois para pagar, não tem problema nenhum.

---

10 Este termo faz referência à palavra em iorubá ọṣẹ, que, segundo o *Dicionário yorubá-português*, de José Beniste (Bertrand Brasil, 2019), significa "sabão". [NE]

Tudo é comprado calculando 800 a 1.500 pessoas. O planejamento é esse, e vai todo. Tudo é feito no meu terreiro. Eu desmonto a casa, a sala, e a gente começa a preparar. Tenho a ajuda dos colaboradores, todos da Vai-Vai, a maioria da ala das baianas. Elas chegam aqui, tomam o banho de folhas e me ajudam. Mas ajudam em parte, pois muita coisa eu gosto de fazer, antes até de elas chegarem. Eu madrugo. O pessoal da minha casa também ajuda. Elas tomam o banho de folhas porque é necessário, porque a feijoada faz parte do ritual. E, aqui, você está num espaço sagrado, as coisas dos orixás estão aqui, a feijoada é para Ogum. Não é uma feijoada comercial, que tem na quadra de final de semana. Então, se vem ajudar, tem que estar todo mundo com o banho de folhas tomado. A comunidade ajuda sempre com 10 a 15 pessoas.

As compras chegam na quinta-feira à tarde; na sexta-feira, a gente trata, tira o sal, o excesso de gordura. Na feijoada, vai de tudo. Tem de tudo. A gente bota mais coisa do que se coloca em casa: bucho, bofe, mocotó. Na feijoada de Ogum, vai tudo! (Pai Francisco d'Oxum, depoimento concedido em 18/08/2017)

3.6.2 Ogum passeia pelo Bixiga

Como de costume, a procissão partiu com a imagem de São Jorge Guerreiro sendo carregada pelas ruas do bairro pelos diretores, todos filhos de Ogum. Nas ruas, havia uma mistura de cores, representando as várias escolas de samba, predominando o branco nas roupas dos pais e mães de santo, que desfilaram ao som de cantigas ao padroeiro. O grupo subiu a rua São Vicente em direção à Igreja Nossa Senhora Achiropita, na rua 13 de Maio. Apesar de carregarem a imagem do santo, os participantes do cortejo gritavam o tempo todo a saudação ao orixá: "Salve Ogum, Ogunyé, Ogum, Ogunyé" (Ogum é vida). Ao chegar à frente da igreja, o cortejo parou e se posicionou à espera das bênçãos do padre. Assim que surgiu, ao lado de dois coroinhas, o Padre Cidinho encaminhou-se diretamente ao pavilhão da escola e, como os sambistas, fez o cumprimento curvando-se à bandeira. Nesse momento, vários pavilhões começaram a ser levados a ele.

Padre Cidinho benzeu a imagem no andor com água benta e proferiu a oração:

Eu andarei vestido e armado com as armas de São Jorge. Para que meus inimigos, tendo pés, não me alcancem; tendo mãos, não me peguem; tendo olhos, não me vejam; e nem em pensamentos eles possam me fazer mal. Armas de fogo, o meu corpo não alcançarão; facas e lanças se quebrem, sem o meu corpo tocar; cordas e correntes se arrebentem, sem o meu corpo amarrar.

Jesus Cristo, me proteja e me defenda com o poder de sua santa e divina graça. Virgem de Nazaré, me cubra com o seu manto sagrado e divino, protegendo-me em todas as minhas dores e aflições. E Deus, com sua divina misericórdia e grande poder, seja meu defensor contra as maldades e perseguições dos meus inimigos.

Glorioso São Jorge, em nome de Deus, estenda-me o seu escudo e as suas poderosas armas, defendendo-me com a sua força e com a sua grandeza, e que, debaixo das patas de seu fiel ginete, meus inimigos fiquem humildes e submissos a vós. Assim seja, com o poder de Deus, de Jesus e da falange do Divino Espírito Santo. São Jorge, rogai por nós. Amém!

O padre ainda rezou uma ave-maria à padroeira Achiropita, se despediu e aguardou a procissão se afastar para entrar na igreja. O cortejo seguiu para a porta do terreiro do Pai Francisco, na rua Almirante Marques Leão, desceu pela rua Lourenço Granato, para só depois retornar à quadra de ensaios, onde a imagem foi aplaudida e colocada no altar para que fosse realizado o ritual de Candomblé.

Perguntado sobre o fato de a imagem de São Jorge sair na Procissão de Ogum, Pai Francisco explicou a diferença entre o trabalho do Candomblé, pelo qual é responsável na Vai-Vai, e os demais rituais adotados pela escola de samba, como procissões, cortejos e missas:

> Eu me dou bem com Jorge [risos]. Ele tem o meu respeito, meu afeto e meu amor. Mas eu sou um "lessé orixá",[11] não sou sincrético. Estou cuidando do orixá. Acompanhar a procissão, o cortejo, participar do social, da missa, é

11 Segundo o *Dicionário yorubá-português*, de José Beniste (Bertrand Brasil, 2019), o termo "lésè" significa "pés". Dessa forma, podemos intuir que a expressão "lesse orixá" quer dizer "aos pés do orixá" ou, portanto, "seguidores do orixá". [NE]

Figura 24. Padre Cidinho faz a oração a São Jorge. Foto: Claudia Alexandre (2017).

Figura 25. Quartinha de barro no chão para despachar Exu. Foto: Claudia Alexandre (2017).

outra coisa. Meu negócio é com o orixá. Na Vai-Vai, eu cuido de Candomblé. O meu [trabalho] é com as portas fechadas, só com as pessoas preparadas, autorizadas e iniciadas. Só com pessoas interessadas na tradição e no culto iorubá. Aí você vai me perguntar: como é que o senhor colocou Ogum lá dentro? Eu fui a ele. Fui até a Vai-Vai, fiz e faço tudo lá. Eu poderia muito bem ter trazido tudo para cá, mas não acho justo. O lugar dele é lá. Eu não traria todo o axé da Vai-Vai para dentro da minha casa. Eu não seria irresponsável de oferecer tudo aqui. Sigo a lei do Candomblé. Mas, primeiro que a Vai-Vai, aqui, Oxum come, Iansã come, Ogum come, antes dos de lá! Primeiros os da casa, os meus, e aí os da Vai-Vai. É sempre assim, toda a vez que vai fazer lá, o daqui é primeiro. (Pai Francisco d'Oxum, depoimento concedido em 18/08/2017)

Os ogãs[12] se posicionaram junto aos atabaques e se prepararam para tocar o xirê de Ogum. Pai Francisco iniciou o ritual, acompanhado dos filhos de santo e alguns sacerdotes convidados. O primeiro toque foi para Exu, com duas filhas de santo conduzindo o que chamam de "despachar Exu".

No centro do círculo, foi colocada uma quartinha de barro com água e uma vela branca acesa. Os participantes do ritual dançaram em volta dos objetos, cantando três cantigas em iorubá. As duas filhas de santo[13] levantaram tudo, foram até o lado de fora. Retornaram, com a vela ainda acesa nas mãos e o recipiente vazio, e acompanharam o pai de santo até o quarto dos orixás, voltando depois com as mãos vazias. Os atabaques tocaram novamente. Deu-se início ao canto para Ogum.

Em roda, Pai Francisco dançou com os filhos de santo e cantou em iorubá, "a língua dos orixás", na presença de outros sacerdotes e de toda a comunidade que lotou o terreiro sagrado do samba.

---

12 Tocadores dos tambores sagrados (alabês, *alágbè*).
13 Em *Candomblés da Bahia*, Edson Carneiro (2008, p. 70) descreve uma cerimônia de padê de Exu e explica a função das duas filhas de santo: "Duas filhas, especialmente destacadas para esta função, dagã e sidagã, depositam no centro do barracão um copo d'água e a comida de Exu. Depois, dançando em volta da comida, ante as filhas formadas em círculo a sustentar o coro, em certo momento apanham o copo e a comida de Exu e atiram parte da água e da comida muito longe, às vezes mesmo nos limites da roça. O restante volta para o assento de Exu. Os presentes abrem alas, ante a passagem da dagã e da sidagã. Só então pode a festa, propriamente, começar".

Figura 26. Xirê de Ogum na escola de samba Vai-Vai. Foto: Claudia Alexandre (2017).

Depois do ritual, finalmente foi servida a feijoada aos convidados. Às 18h, o presidente e a diretoria fizeram, oficialmente, o anúncio do tema que a Vai-Vai levou para o desfile do Carnaval 2018. Naquela noite, o samba só terminou às 23h.

Esse instante marca o início do ano carnavalesco da escola. Os próximos passos serão a escolha do samba-enredo e o início dos ensaios, quando uma multidão irá se misturar aos membros da comunidade, ocupando as ruas do Bixiga.

Vai ter festa na encruzilhada de Exu até o Carnaval chegar!

CONCLUSÃO

Na fase final da pesquisa, em meio à seleção de fotos e imagens, tive uma surpresa ao observar a imagem aérea da rua São Vicente: olhando do alto, bem diante do terreiro de samba, as ruas se cruzam e formam o desenho de um tridente. É uma encruzilhada de Exu. Logo, pensei que poderia ser Exu confirmando seu domínio sob aquele território negro. Recorri aos depoimentos e percebi a associação no imaginário do grupo, que confirma que o dono daquele lugar é o orixá Exu, o guardião dos templos, das casas, das cidades e das pessoas. É ele o intermediário entre os homens e os orixás. Entre a Vai-Vai e a ancestralidade. A encruzilhada da Vai-Vai sinaliza que, enquanto Exu consiste na comunicação com o mundo profano, seu irmão inseparável, Ogum, constitui o caminho entre o terreiro sagrado e a passarela de desfiles.

Assim como as encruzilhadas, que apontam haver muitas possibilidades e muitos caminhos que não se esgotam, há ainda muito o que se estudar sobre essa relação entre as religiões afro-brasileiras e as manifestações da cultura popular.

A religiosidade da escola de samba Vai-Vai apoia-se na memória ancestral de corpos negros, que vivem e revivem experiências de um tempo histórico-social de desigualdades, elaborando formas particulares de resistência e rituais religiosos e profanos, que ora se diferenciam, ora se assemelham. Ali está a capacidade de a linguagem simbólica conectar o desconexo, unir o que está disperso.

Um estudo que se propõe a abordar a relação entre religiões afro-brasileiras e expressões da cultura afro-brasileira precisa se deter no exercício de juntar os fragmentos das matrizes africanas — espalhados pelo predomínio do pensamento eurocêntrico — para perceber que, ainda assim, esses fragmentos encontram formas de permanecerem conectados, pois guardam as partes equivalentes do todo. Partes ou fragmentos da história, que evidenciam as tentativas constantes de apagamento ou silenciamento das africanidades, bem como o desprezo por essa outra forma de conceber o mundo, na qual a vida humana e a natureza têm o mesmo valor.

Assim, é possível afirmar que a religiosidade da escola de samba Vai-Vai manifesta-se para além do resultado estético apresentado nos desfiles carnavalescos. Ao forjar, no espaço da festa do Carnaval, um sistema religioso que preserva, em um mesmo espaço físico, altares de santos católicos, assentamentos de orixás, festas afrorreligiosas e práticas rituais de Candomblé, ela marca de forma singular sua presença em um território tecido por negociações e confrontos. Ali, aprendemos que resistir pelo sagrado foi fundamental para trilhar um caminho que levaria à ocupação das ruas (PEREIRA, 2005, p. 39).

A chegada dos imigrantes italianos ao bairro da Bela Vista provocou tensões em relação à população majoritariamente negra residente no bairro, contabilizando-se um jogo de perdas e ganhos, revelando uma acomodação nada harmoniosa. Um exemplo disso foi o desaparecimento da Festa de Santa Cruz, concomitantemente ao estabelecimento da Festa de Nossa Senhora Achiropita.

Hoje, após um longo processo de negociação, observamos a participação da comunidade da escola de samba nas atividades da igreja, bem como o envolvimento do grupo católico nas festas da Vai-Vai. Enquanto a Pastoral Afro constitui parte da Igreja da Achiropita, o pároco, em plena rua 13 de Maio, reverencia a bandeira da escola e dá as bênçãos à imagem de São Jorge/Ogum, no momento em que ela passeia pelas ruas do bairro, amparada pelos braços dos sambistas, e ganha as encruzilhadas, os domínios de Exu e os caminhos de Ogum.

Ao tomarem as ruas do Bixiga, interditando o trânsito em dias de ensaio e para a procissão que canta para Ogum, os sambistas da Vai-Vai transmitem um sentido de pertencimento, ao mesmo tempo que reafirmam a identidade do bairro como um território negro.

A figura do sacerdote, apesar das mudanças na forma de culto, legitima as festas religiosas dentro da escola, que acontecem nos moldes do Candomblé. Para os sambistas, é certo que, se o terreiro de samba não é um terreiro de Candomblé, nele é possível o encontro de todas as manifestações que mantenham ligação com as africanidades. Nas palavras de Thobias da Vai-Vai:

> Essa nossa ligação com a religião do Candomblé, com os orixás, sempre existiu, e existe, na maioria das escolas, porque não dá para separar. Cada uma faz do seu jeito. Escola de samba é uma tradição de cultura afro. A Vai-Vai sempre preservou isso, somos católicos, do Espiritismo, da macumba. É da cultura do negro. (Thobias da Vai-Vai, depoimento concedido em 15/6/2016)

É certo que o ritmo, o canto e a dança são essenciais para a vitalidade das expressões afro-brasileiras. Suas similaridades atestam que elas continuarão em permanente diálogo, como traços de uma mesma encruzilhada, assim, como acontece entre a escola de samba Vai-Vai e o Candomblé.

Láròyé![1]
Ògúnyè![2]
Mo dúpẹ́![3]

---

1   "Aquele que é controverso". (JAGUN, 2017, p. 1104)
2   "Ogun é vida". (JAGUN, 2017, p. 1125)
3   "Eu agradeço!". Lit.: *mo* (pron. Pess. Eu) + *dúpẹ́* (v. agradecer)". (JAGUN, 2017, p. 670)

POSFÁCIO

DONA MARCINHA E DONA NENÊ, AS GUARDIÃS DO AXÉ DA VAI-VAI

Não é possível finalizar esta obra — até onde ela pôde chegar — sem preencher a lacuna que há na literatura do samba sobre a importância das mulheres negras para essa história. Aliás, principalmente para o samba, o maior patrimônio imaterial da cultura brasileira. Continuamos devendo uma história digna, páginas nos livros escolares, reverências aos personagens, à resistência e ao que o samba representa enquanto complexo cultural. Em torno dele, sempre viveram homens e mulheres de todas as idades que giram, cantam, dançam, falam, comem, choram e rezam sambando!

Todavia, há uma dívida ainda maior para com as mulheres negras que ajudaram, e ajudam, a construir sua história. No caso das escolas de samba, por exemplo, muitas dessas mulheres foram invisibilizadas, apesar de serem o centro de onde a roda começou. Elas sempre estiveram envolvidas em toda a produção que antecede a grande festa e são fundamentais no momento do desfile e da disputa pelo campeonato. O fundamento do samba se conjuga no feminino. São as pastoras, as cantoras, as compositoras, as baianas, as passistas, as porta-bandeiras, as rainhas de bateria, mas também as costureiras, as bordadeiras, as chefes de ala, as harmonias... sem elas, não tem samba, não tem escola de samba.

Quanto às mulheres negras, além de negociarem seu espaço em um ambiente patriarcal, tiveram que superar estereótipos, a objetificação de seus corpos, o colorismo e a desvalorização. É certo, entretanto, que, do Carnaval-tradição ao Carnaval-espetáculo (BARONETTI, 2015, p. 91), é impossível contar qualquer parte dessa história sem que ela se inicie pela história de uma mulher.

No início do século XIX, época em que se vivia o Carnaval de negros (SIMSON, 2007, p. 3) e pobres na cidade de São Paulo, mulheres tiveram papel de destaque nos grupos que brincavam em coloridos cordões, primeiramente como responsáveis por confeccionar as fantasias, arrecadar dinheiro junto aos comerciantes dos bairros e organizar as primeiras alas.

Elas participaram, oficialmente, dos desfiles nas ruas após 1921, quando foram vistas pela primeira vez no Grupo Carnavalesco Barra Funda, cuidando do setor mirim, o Infantil Barra Funda (SIMSON, 2007, p. 178). Há quem diga que a ausência das mulheres nos primórdios era questão de segurança: "os dirigentes se precaviam de expor as mulheres às possíveis repressões policiais a um folguedo organizado por negros, coletividade que por muitos anos estivera alijada dos festejos públicos de Momo da cidade" (SIMSON, 2007, p. 178). O Cordão Vai-Vai, que surgiu em 1930, somente admitiu mulheres durante os desfiles a partir de 1931. Contudo, no primeiro cortejo, foi vista na ala das crianças, onde só saíam meninos, uma menina com disfarce, na ala dos balizas (SIMSON, 2007, p. 179). Era Dona Sinhá, que, aos 12 anos, estreou no cordão do Bixiga. Ela se envolveu ativamente nas atividades do Cordão Vai-Vai, mas depois veio a se tornar a grande dama da Escola de Samba Camisa Verde e Branco.

As primeiras posições ditas "femininas" no Carnaval dos cordões paulistanos — além da função de cuidar das crianças — foram de amadoras ou pastoras, que cantavam as marchas carnavalescas, evoluindo no cortejo. Naquele tempo, a corte de Momo, com rei, rainha e princesa, era bem conhecida. Sem contar a ala das baianas, legado de Tia Ciata,[4] cuja fantasia já foi vestida por homens e mulheres, representando aquelas que deram proteção à formação das escolas de samba, no Rio de Janeiro. Essa ala logo se tornou obrigatória e, hoje, é espaço essencial feminino, por todo o Brasil, onde quer que haja um bloco de enredo ou uma escola de samba.

---

4   Conforme visto anteriormente, Hilária Batista de Almeida (1854-1924) era uma mulher baiana que viveu no Rio de Janeiro e deu proteção espiritual e política à formação das rodas de samba e rituais de Candomblé na Pequena África. Na famosa "casa da Tia Ciata", teria sido composto o primeiro samba, registrado como tal, por Donga e Mauro Almeida, "Pelo telefone" (1916).

MULHERES NA VAI-VAI

Na capital paulista, a partir da década de 1950, com a reurbanização da cidade e o distanciamento de algumas famílias da região central, algumas casas da periferia passaram a funcionar como uma espécie de extensão para ensaios, produção de fantasias e adereços. Geralmente, a chefia ficava por conta de uma esposa, mãe, tia ou madrinha. Olga Von Simson (2007, p. 183) conta que esse processo de reordenação populacional da cidade, inclusive, fez com que muitas entidades carnavalescas desaparecessem. Só sobreviveram aquelas com mais estrutura, e as mulheres foram fundamentais para a continuidade de muitos grupos.

Lideranças femininas desses cordões, forçadas pelas circunstâncias a habitar bairros afastados — como Jabaquara, Bosque da Saúde, Vila Brasilândia, Taboão da Serra, Ferreira, Vila Maria, Vila Guarani —, e não se conformando em ficar alijadas dos festejos carnavalescos, criaram um esquema de reorganização da preparação e ensaios para o desfile, transformando suas residências em pequenas "filiais" da sede das agremiações (SIMSON, 2001, p. 183).

Muitas dessas mulheres eram rezadeiras, benzedeiras, mães de santo, mas também quituteiras e quitandeiras. Entre as que frequentavam as rodas de samba do Bixiga, reduto da Vai-Vai, havia as que trabalhavam nos casarões da avenida Paulista ou ali mesmo, no próprio bairro, nas casas e nos comércios dos "italianos ricos".[5] Em função da jornada diária, às segundas-feiras, quando tinham uma folga, preparavam quitutes para familiares e amigos, sempre regados a uma boa roda de samba, em seus quintais. Quase sempre, também havia macumba.

Assim como não se pode negar a importância das mulheres para o surgimento das escolas de samba, sabemos que a presença feminina também mantinha a proteção religiosa dos grupos. Essa relação de escola de samba, mulher negra e religiosidade também foi importante para o início da história da Vai-Vai.

Os mais antigos lembram que algumas mulheres tiveram participação importante desde a fundação do Cordão Vae-Vae (1930-1971) até a mudan-

---

5   Conforme depoimento concedido por Fernando Penteado em 10/06/2016.

ça para escola de samba, a partir de 1972. Da primeira fase, as mulheres mais lembradas são Dona Castorina, Dona Olímpia, Dona Iracema (que foi rainha do cordão), Dona Antonieta (dirigente de Umbanda e primeira porta-estandarte) e Dona Sinhá (primeira menina-baliza, que se mudou para a Barra Funda depois de se casar com Inocêncio Tobias, fundador da Escola de Samba Mocidade Camisa Verde e Branco), entre outras.

Também são lembradas Dona Penha, Tia Ana (a primeira baiana), Dona Dirce (pastora), Dona Joana, Tia Cleuzi, Dona China, Dona Marcinha e Dona Nenê. Estas duas últimas, como mães de santo, teriam sido as primeiras responsáveis religiosas da Vai-Vai. A partir da década de 1970, quando foi adquirido o terreno da rua São Vicente, elas passaram a cuidar dos assuntos espirituais do presidente José Jambo Filho,[6] o seu Chiclé, e também da sede.

No Capítulo 2, vimos que, desde a época dos folguedos, seus dirigentes mantiveram ligação com práticas religiosas no grupo de maioria negra. Um exemplo era Pé Rachado, que foi o primeiro presidente do Cordão Vai-Vai, frequentador de um terreiro de Candomblé na Baixada Santista, para onde levava a diretoria para pedir proteção nas vésperas do Carnaval. Outro exemplo foi o famoso Seu Livinho, pai de santo de um terreiro de Umbanda que funcionava no bairro do Bixiga, que garantia as rezas e os trabalhos para o povo "se cobrir" antes de ir para a rua. Seu Livinho faz parte do grupo fundador do cordão.

Vimos ainda que Chiclé também era ligado às macumbas, assim como os dirigentes anteriores. Assim que conseguiu ajuda para a compra da área onde até hoje funciona a escola, tratou de pedir para que fizessem a proteção espiritual. Não se sabe ao certo se foi ele que decidiu, imediatamente, assentar o orixá Exu no chão da quadra, que está localizada em uma encruzilhada, ou se houve alguma ordem espiritual para iniciar o culto ao orixá no terreiro de samba. A memória do grupo não alcança com exatidão como essa decisão foi tomada, nem mesmo quem teria

---

6   Como relatado anteriormente, Chiclé (1931-2007) foi o segundo presidente da Vai-Vai (como escola de samba). Nascido na cidade de Santos (litoral paulista) chegou ao Cordão Vai-Vai na década de 1960 e logo foi reconhecido como um exímio ritmista.

atendido o pedido do presidente e feito o assentamento do orixá.[7] No entanto, sabe-se que Exu é o primeiro patrono da escola e foi cuidado, inicialmente, por duas mulheres negras.

DUAS MULHERES E DOIS ORIXÁS

Marcia Bueno Maria (1928-2000), a Dona Marcinha, era filha de Oxalá, e Adair dos Santos (1925-1998), a Dona Nenê, era filha de Obá. Foram elas que ajudaram a iniciar a tradição de culto ao orixá no terreiro de samba da Vai-Vai. As duas começaram a atuar logo que o presidente Chiclé assumiu a escola, mas naquele tempo as coisas eram feitas no mais completo sigilo, com discrição e muito respeito. Uma parte da história que não está documentada em nenhum lugar.

Não fossem os herdeiros e alguns componentes antigos da escola, pouco teríamos para contar, o que demonstra o valor da oralidade como herança do povo afrodescendente. O que realmente significaram Dona Marcinha e Dona Nenê já figura em memórias quase apagadas no grupo. Sandra Aparecida Maria, a Sandrinha, única filha de Dona Marcinha, e Gilberto Damião dos Santos, o Tata Umberê, um dos dez filhos de Dona Nenê que conseguimos localizar, ajudaram a remexer nessas lembranças.

Sandrinha, que frequenta a escola desde 1967, assumiu a chefia da ala Kambinda, que havia sido liderada por sua mãe. Já Gilberto se afastou do Carnaval após o falecimento de Dona Nenê. Contudo, ele estuda um convite para assumir os cuidados religiosos da escola, já que o pai de santo Francisco d'Oxum pediu o afastamento da função logo depois de a Vai-Vai ser rebaixada para o Grupo de Acesso, no Carnaval de 2019. Por ora, os cuidados com os orixás estão sendo realizados por um grupo coordenado pelo presidente de honra, Thobias da Vai-Vai.

Dona Marcinha e Dona Nenê tinham amizade com Chiclé desde a época em que ele era apenas ritmista, portanto, chegaram à Vai-Vai na fase do

---

7   Jorginho Saracura (ala Harmonia) contou que Pai José Mendes teria realizado os primeiros trabalhos e um assentamento bem no meio da quadra, mas não soube confirmar se era o assentamento de Exu (entrevista concedida em 10/06/2017).

cordão, quando Pé Rachado era o "comandante". Somente a partir da década de 1970, passaram a cuidar juntas dos rituais na Vai-Vai. A primeira a dar aconselhamentos ao presidente foi Dona Marcinha, que já era uma líder espiritual, mas não havia ainda se iniciado no Candomblé. Na sequência, Dona Nenê, vinda da Umbanda e depois iniciada na casa de Pai Caio, do Axé Ilê Obá,[8] juntou-se à amiga e também passou a cuidar do Exu assentado. Foi Dona Nenê quem fez o assentamento de Ogum, o segundo patrono da escola, mas somente Exu que ficava na quadra.

Sandrinha e Gilberto confirmaram que, por serem muito jovens na época, não conseguem confirmar várias coisas em relação aos rituais. Tudo era feito sob muito segredo, e não se podia comentar nem perguntar sobre as "coisas" dos orixás da Vai-Vai. Embora ajudassem e acompanhassem alguns trabalhos, na maioria das vezes eram proibidos até de chegar perto.

Dona Marcinha, nascida no interior de São Paulo, desde pequena mostrava sinais de mediunidade. Diziam que ela era vidente. Depois de ter vindo para a capital e de se casar com o mineiro Benedito, que, além de músico, gostava de política e era espírita, começou a praticar a espiritualidade. A filha, Sandrinha, afirma que ela já "nasceu pronta", com uma sensibilidade incrível. Lembra-se de que, quando pequena, sua casa era frequentada por muita gente da política em busca de proteção e conselhos espirituais. O pai era um rezador e benzedor, e não era difícil ver o casal com o irmão de seu Benedito, o Tio Laranjeiras, colocar a pequena no colo e sair tarde da noite para socorrer alguém necessitado de ajuda. A mãe era tão dedicada que não saía de casa sem uma vela branca na bolsa para o caso de precisar fazer um benzimento em alguém. Sandra conta que recebeu dos pais os maiores valores de amor, caridade e respeito à ancestralidade.

Com a morte repentina do pai, as duas tiveram que se mudar para o Jardim Paulista, bairro nobre da cidade, onde Dona Marcinha foi trabalhar como empregada doméstica. Na casa dos patrões, elas acabaram

---

8   O Axé Ilê Obá foi fundado em 30 de setembro de 1950 por Caio Egydio de Souza Aranha, o Pai Caio de Xangô, e está localizado no bairro de Jabaquara, zona sul de São Paulo. Em 1990, na gestão da primeira sucessora, Sylvia de Oxalá, foi tombado pelo Conselho de Defesa do Patrimônio Histórico, Artístico, Arquitetônico e Turístico (Condephaat). Disponível em: www.axeileoba.com.br. Acesso em: 29 out. 2019.

ganhando uma segunda família, com todo o amparo para a criação de Sandrinha, até que ela concluísse os estudos.

Aos finais de semana, quando cruzavam a cidade até o bairro de Vila Dalila, na zona leste, onde moravam seus avós paternos, a volta do passeio tinha parada obrigatória na Bela Vista, onde encontravam com alguns amigos e participavam das rodas de samba do Cordão Vai-Vai. Ali, conheceram Pé Rachado, Chiclé e outros bambas. Desses encontros, surgiu o convite para que integrassem o grupo carnavalesco, e foram estreitando a amizade até que Dona Marcinha começou a se dedicar à proteção espiritual, primeiramente do seu Chiclé, e depois da escola. Dona Marcinha foi chefe da extinta ala Melindrosa, rebatizada como Kambinda, em homenagem à madrinha, que era a escritora e artista plástica Raquel Trindade.[9]

Sandrinha passou parte da infância acompanhando sua mãe em tudo o que ela fazia, mas só entrou definitivamente para a escola de samba aos 14 anos de idade, quando Dona Marcinha, que inicialmente era da Umbanda, começou a cuidar das questões espirituais do presidente e do terreiro de samba. No começo, a sede da escola era só uma casinha com dois cômodos, o suficiente para guardar os instrumentos e fazer as reuniões com os sambistas. As obras de ampliação foram feitas ao longo dos anos.

Embora ali já houvesse o assentamento de Exu, a filha lembra que a mãe só levava charutos, velas e cachaça para os rituais. Não havia qualquer oferenda com animal.

A amizade com Dona Nenê foi tão forte que pareciam irmãs. Foi Dona Nenê quem levou Dona Marcinha até Pai Caio, no Axé ilê Obá, para ajudá-la com Sandrinha. A menina, com 10 anos de idade, começou a sofrer uma sequência de desmaios que somente o pai de santo conseguiu curar. Em gratidão, e para evitar que Sandrinha, ainda criança, tivesse uma vivência com tanta responsabilidade no Candomblé, Dona Marcinha passou a se dedicar quase que dia e noite aos afazeres do Ilê, tornando-se irmã de santo de Dona Nenê.

---

9   Nascida em Recife, Raquel Trindade (1936-2018) foi criada no Rio de Janeiro e passou parte da vida em Embu das Artes (SP). Fundou o Teatro Popular Solano Trindade em homenagem ao pai.

Dona Marcinha era filha de Oxalá, o velho, o orixá associado à criação dos orixás. Para a tradição do culto aos orixás da cultura iorubá, existem dois tipos desse orixá: o velho, Oxalufã, e o novo, Oxaguiã. Marcinha era de Oxalufã, o grande orixá, que dá a seus filhos, entre outras características (VERGER, 1992, p. 41; p. 262), a de serem pessoas calmas e dignas de confiança, pessoas respeitáveis e reservadas, dotadas de uma força de vontade interminável, que não pode ser influenciada por nada. Assim como foi Dona Marcinha!

DONA NENÊ E A CHEGADA DE OGUM

Um dos importantes nomes vinculados à tradição de cultuar os orixás na escola de samba Vai-Vai é o de Adair dos Santos (1925-1998), conhecida como Dona Nenê, Mãe Nenê ou Iyá Obatalabê, filha de Obá, a deusa guerreira.

Um pouco da história dessa mulher negra, sambista e guerreira se constrói apenas por fragmentos de memórias dos mais antigos da Vai-Vai, pois sua presença também está quase apagada no grupo. Alguns mal se lembram de seu nome completo. Não foi possível localizar qualquer imagem ou um perfil mais detalhado, e pouco conseguimos recuperar sobre ela com os entrevistados.

É o ogã Gilberto, Tata Umberê, filho biológico de Dona Nenê, quem confirma a dedicação da mãe à Vai-Vai. Naquele tempo, nada sobre orixás era público, principalmente em se tratando de uma escola de samba. Ela ajudava a cuidar das coisas de seu Chiclé e, também, de Exu. Aliás, dos exus, pois Tata Umberê confirma que, além do orixá assentado, existe também o orixá que cuida da rua. Ele dá proteção ao entorno da quadra, desde a encruzilhada da rua São Vicente, onde se forma um tridente no entroncamento das vias, até o palco armado para os ensaios, protegendo os caminhos que os componentes fazem quando promovem as procissões e os ensaios pelo bairro. Os trabalhos espirituais incluíam a Praça 14 Bis, que, até hoje, é a área arborizada mais próxima da quadra da escola.

Adair nasceu em Uberaba (MG) e morreu em 1998, aos 73 anos, depois de lutar por três anos contra um câncer. Ela teve dez filhos, sendo cinco do mesmo pai; os outros cinco, de relacionamentos diferentes. Chegou cedo a São Paulo, trabalhou como cozinheira e sustentou a família praticamente sozinha. Começou a vida religiosa na Umbanda, em São Paulo, foi filha de santo do Pai Caio, depois migrou para o terreiro da nação Angola Jalarê e, em seguida, para o Templo de Cultura Bantu Redandá, ambos em Mogi Guaçu (SP).

Tata Umberê conta que a Vai-Vai era a vida de Dona Nenê, o lugar em que, além de vivenciar o samba — que ela também amava —, ela se sentia mais útil por estar perto dos cuidados com os orixás. Foi ela que fez o assentamento do Ogum como reforço aos rituais de Candomblé que fazia para o Exu. A partir de sua atuação, passaram a ocorrer as oferendas e a presença de tambores na quadra, sempre com muita reserva. Muitas vezes, Dona Nenê era tomada pelo orixá, que saía para a rua sem fazer nenhum alarde. Quando Gilberto passou a acompanhar a mãe nos trabalhos na Vai-Vai, ele já tinha uns 17 anos. Dona Nenê também chegou a ser chefe de ala, mas boa parte de sua vida na escola foi na ala das baianas.

No trato com o orixá, o filho também confirma que o único assentamento que recebia as oferendas na quadra era o de Exu. O Ogum da Vai-Vai foi assentado, mas não recebia as oferendas no terreiro de samba. Ele sempre foi evocado ali, porém o assentamento ficava no terreiro de Dona Nenê, onde eram feitos os rituais necessários.

Geralmente, participavam dos trabalhos no quarto de Exu: Nenê, Marcinha, Chiclé, Thobias da Vai-Vai e Glicério, que também era componente da escola e um de seus filhos de santo. A quadra era fechada, e só eles podiam entrar no reservado. Tata Umberê garante que não havia contrato, troca financeira ou qualquer favorecimento pelo cuidado religioso. O que havia era uma dedicação quase diária e muito respeito. Dona Nenê não permitia que pessoas não iniciadas ficassem na quadra nos dias de ritual. Todos tinham que ser confirmados e autorizados por Exu antes dos trabalhos. Era tudo silencioso, um mistério.

A morte de Dona Nenê, em 1998, abalou demais os que com ela conviviam e eram tratados como filhos na Vai-Vai. Dona Marcinha passou a cuidar dos orixás, com a ajuda da filha Sandrinha e de outros componentes ligados à Umbanda e ao Candomblé, já que na Vai-Vai, até hoje, há um grande número de seguidores das religiões de matrizes africanas, incluindo sacerdotisas e sacerdotes. Com sua morte, em 2000, as chaves ficaram com a filha que, com o grupo, deu sequência aos cuidados necessários até 2004, quando Pai Francisco d'Oxum foi convidado a assumir o cargo de responsável religioso.

Dona Nenê era uma perfeita filha de Obá, enérgica e valorosa, pronta para guerrear e vencer pelos seus. Como disse Umberê, ela era feminista e com atitude para resolver tudo. "Guerreira, briguenta e, se estive com a razão, piorava." Assim como descreve Verger (1992, pp. 192-4) o arquétipo de Obá: "Suas tendências um pouco viris fazem-nas, frequentemente, voltar-se para o feminismo ativo".

Tata Umberê, como herdeiro de Dona Nenê, ainda não sabe se voltará para assumir o legado da mãe como responsável religioso na Vai-Vai. Por enquanto, diz apenas que lamenta as mudanças e a proporção que as práticas religiosas tomaram no terreiro de samba. Para ele, os xirês, as procissões e os rituais abertos tiraram a seriedade da tradição do culto ao Exu e ao Ogum da Vai-Vai. Acredita que tudo deveria voltar a ser como era, para que o religioso não se torne folclore. "Hoje a minha maior vontade é que se mantenha a tradição. Temos que retomar a tradição. Esse é o grande assunto para este ano [2020]" (Tata Umberê, depoimento concedido em 28/08/2019).

REFERÊNCIAS BIBLIOGRÁFICAS

ALEXANDRE, Claudia; VAI-VAI, Thobias. *Escola de Samba Vai-Vai*: o orgulho da Saracura. São Paulo: Antônio Belini, 2003.

AMARAL, Rita. *Xirê!*: O modo de crer e de viver no Candomblé. Rio de Janeiro: EDUC/ Pallas, 2002.

_____; SILVA, Vagner G. da. Religiões afro-brasileiras e cultura nacional: uma etnografia em hipermídia. *Revista Pós Ciências Sociais*, São Luís, v. 3, n. 6, p. 107-130, 2006.

ANTONACCI, Maria Antonieta. Expressões corporais e religião. *In*: DÉCIO-PASSOS, João; USARSKI, Frank (org.). *Compêndio da ciência da religião*. São Paulo: Paulus, 2013. p. 525-538.

_____. *Memórias ancoradas em corpos negros*. 2. ed. São Paulo: EDUC, 2015.

ARAÚJO, Anderson Leon Almeida de; DUPRET, Leila. Entre atabaques, sambas e orixás. *Revista Brasileira de Estudos da Canção*, Natal, v. 1, n. 1, p. 52-63, jan-jun 2012a. Disponível em: rbec.ect.ufrn.br/data/_uploaded/artigo/Entre%20Atabaques,%20Sambas%20e%20Orixás.pdf. Acesso em: 23 dez. 2020.

_____; _____. Memória do samba e negras religiões. *In*: SIMPÓSIO DA ASSOCIAÇÃO BRASILEIRA DE HISTÓRIA DAS RELIGIÕES, XIII., 2012, São Luís. Anais [...]. São Luís: EDUFMA, 2012b. Tema: Religião, carisma e poder: as formas da vida religiosa no Brasil, p. 68-69. Disponível em: https://issuu.com/marcelooreilly/docs/0533-andersonleonalmeidadearaujo-le. Acesso em: 23 dez. 2020.

BARBOSA, Wilson do Nascimento. Da 'Nbandla à Umbanda: transformações na cultura afro-brasileira. *Sankofa*: Revista de História da África e de estudos da diáspora africana, São Paulo, n. 1, p. 7-19, jun. 2008.

BARBOZA, Marília Trindade; OLIVEIRA FILHO, Arthur de. *Cartola*: os tempos idos. Rio de Janeiro: Gryphus, 1998.

BARONETTI, Bruno Sanches. *Transformações na avenida*: história das escolas de samba da cidade de São Paulo (1968-1996). São Paulo: Liber Ars, 2015.

BASTIDE, Roger. *Estudos afro-brasileiros*. São Paulo: Perspectiva, 1973.

BENISTE, José. *Òrun-Àiyé*: o encontro de dois mundos: o sistema de relacionamento nagô-yorubá entre o céu e a terra. 7. ed. Rio de Janeiro: Bertrand Brasil, 2010.

BHABHA, Homi. *O local da cultura*. Belo Horizonte: UFMG, 1998.

BORGES, Rosangela. *Axé, madona Achiropita!*: presença da cultura afro-brasileira nas celebrações da Igreja de Nossa Senhora Achiropita, em São Paulo. São Paulo: Pulsar, 2001.

BRITO, Ênio José da Costa. Introdução à Parte IV: tradições religiosas entre a oralidade e o conhecimento do letramento. *In*: PASSOS, João Décio; USARSKI, Frank (org.). *Compêndio de Ciência da Religião*. São Paulo: Paulus, 2013. p. 439-442.

BURKE, Peter. *Hibridismo cultural*. São Leopoldo: Unisinos, 2003.

CABRAL, Sérgio. *As escolas de samba do Rio de Janeiro*. Rio de Janeiro: Lumiar, 1996.

CARNEIRO, Edson. *Candomblés da Bahia*. São Paulo: WMF Martins Fontes, 2008.

CASTRO, Marcio Sampaio de. *Bixiga*: um bairro afro-italiano. São Paulo: Annablume, 2008.

CENTRO CULTURAL CARTOLA. *Dossiê das matrizes do samba no Rio de Janeiro*: partido-alto, samba de terreiro, samba-enredo. Rio de Janeiro: Iphan/MinC, 2007. Disponível em: http://portal.iphan.gov.br/uploads/ckfinder/arquivos/Dossi-%20Matrizes%20 do%20Samba.pdf. Acesso em: 23 dez. 2020.

CORREIA, Renato Pereira. *O terreiro e a cidade*: história do terreiro Axé Ilê Obá na cidade de São Paulo. Belém: UFPA, 2014.

CRESCIBENI, Nelson. *Convocação geral*: a folia está na rua. São Paulo: O Artífice Editorial, 2000.

CUMINO, Alexandre. *História da Umbanda*: uma religião brasileira. São Paulo: Madras, 2010.

DONZENA, Alessandro. *As territorialidades do samba na cidade de São Paulo*. Orientador: Prof. Dr. Francisco Capuano Scarlato. 2009. 56 f. Tese (Doutorado em Geografia Humana) — Faculdade de Filosofia, Letras e Ciências Humanas, Universidade de São Paulo, São Paulo, 2009.

_____. O nascimento do samba e do Carnaval na cidade de São Paulo. *In*: CÂNDIDO, Felipe. *Jornalismo cultural*: arte, teatro, música, literatura e afins. São Paulo, 23 fev. 2013. Entrevista de Alessandro Dozena a Felipe Cândido. Disponível em: http://felipecandido.blogspot.com/2013/02/o-nascimento-do-samba-e-do-carnaval-na.html. Acesso em: 23 dez. 2020.

DURKHEIM, Émile. *As formas elementares da vida religiosa*. 3. ed. São Paulo: Martins Fontes, 2003.

ELIADE, Mircea. *Tratado de História das Religiões*. 4. ed. São Paulo: WMF Martins Fontes, 2010.

FERREIRA, Felipe. *O livro de ouro do Carnaval brasileiro*. Rio de Janeiro: Ediouro, 2004.

FERRETTI, Sérgio Figueiredo. Festas religiosas populares em terreiros de culto afro. *In*: BRAGA, Sérgio Ivan Gil (org.). *Cultura popular, patrimônio imaterial e cidades*. Manaus: Edua; Fapeam, 2007. p. 77-97. Disponível em: https://gurupi.ufma.br/jspui/bits-

tream/1/296/1/Festas%2520religiosas%2520e%2520populares%2520em%2520ter-
reiros%2520de%2520culto%2520afro.pdf. Acesso em: 23 dez. 2020.

_____. *Repensando o sincretismo*. 2 ed. São Paulo: Edusp; Arché, 2013.

FREITAS, Joseania Miranda (org.). *Uma coleção biográfica*: os mestres Pastinha, Bimba e Cobrinha Verde no Museu Afro-Brasileiro da UFBA. Salvador: Edufba, 2015.

GI. Vai-Vai é a campeã do carnaval de SP. *In*: GI (ed.). *Carnaval 2011*. São Paulo, 8 mar. 2011. Disponível em: http://g1.globo.com/carnaval/2011/noticia/2011/03/vai-vai--e-campea-do-carnaval-de-sao-paulo-em-2011.html. Acesso em: 23 dez. 2020.

GONÇALVES, Arianne Roberta Pimentel. *Defendendo o pavilhão*: a dança autoral das escolas dos casais de mestre-sala e porta-bandeira das escolas de samba de Belém do Pará. Orientadora: Ana Flávia Mendes Sapucahy. 2014. 197 f. Dissertação (Mestrado em Artes) — Instituto de Ciências da Arte, Universidade Federal do Pará, Belém, 2014.

HALL, Stuart. *Cultura e representação*. Rio de Janeiro: PUC-Rio; Apicuri, 2016.

HOBSBAWM, Eric; RANGER, Terence (org.). *A invenção das tradições*. Rio de Janeiro: Paz e Terra, 1984.

INSTITUTO CULTURAL CRAVO ALBIN. Rubem Confete. *In*: INSTITUTO CULTURAL CRAVO ALBIN. *Dicionário Cravo Albin da Música Popular Brasileira*. Rio de Janeiro, [20--?]. verbete. Disponível em: https://dicionariompb.com.br/rubem-confete. Acesso em: 23 dez. 2020.

JAGUN, Márcio. *Yorubá*: vocabulário temático do Candomblé. Rio de Janeiro, Litteris, 2017.

KILEUY, Odé; OXAGUIÃ, Vera de. *O Candomblé bem explicado*: nações bantu, iorubá e fon. Rio de Janeiro: Pallas, 2014.

LIMA, Vivaldo da Costa. O candomblé da Bahia na década de 1930. *Estudos Avançados*: Dossiê religiões no Brasil, São Paulo, v. 18, n. 52, p. 201-221, set./dez. 2004. Disponível em: https://www.scielo.br/pdf/ea/v18n52/a14v18n52.pdf. Acesso em: 23 dez. 2020.

_____. *Lessé Orixá*: nos pés do santo. Salvador: Corrupio, 2010.

LOPES, Nei. *Novo dicionário banto do Brasil*. 2. ed. Rio de Janeiro: Pallas, 2012.

_____; SIMAS, Luiz Antonio. *Dicionário da história social do samba*. Rio de Janeiro: Civilização Brasileira, 2015.

LOPES, Zélia da Silva. A memória dos carnavais afro-paulistanos na cidade de São Paulo nas décadas de 20 e 30 do século XX. *Diálogos*, Maringá, v. 16, n. SUPL, p. 37-68, 2012.

MANZATTI, Marcelo Simon. *Samba paulista*: do centro cafeeiro a periferia do centro. 2005. 377 f. Dissertação (Mestrado em Ciências Sociais) — Pontifícia Universidade Católica de São Paulo, São Paulo, 2005.

MESTRINEL, Francisco de Assis Santana. O samba e o Carnaval paulistano. *Histórica*: Revista Eletrônica do Arquivo Público do Estado de São Paulo, São Paulo, ano 06, n. 40, fev. 2010. Disponível em: http://www.historica.arquivoestado.sp.gov.br/materias/anteriores/edicao40/materia06. Acesso em: 23 dez. 2020.

MONTES, Maria Lucia (org.). *Cosme e Damião*: a arte popular de celebrar os gêmeos. Coleção Ludmilla Pomerantzeff. São Paulo: Expomus, 2011. catálogo de exposição.

_____. *As figuras do sagrado*: entre o público e o privado na religiosidade brasileira. São Paulo: Claro Enigma, 2012.

MORAES, Eneida de. *História do Carnaval carioca*. Rio de Janeiro: Record, 1987.

MORIN, Edgard. *A cabeça bem feita*: repensar a reforma, reformar o pensamento. Rio de Janeiro: Bertrand Brasil, 2000.

MOURA, Roberto. *Tia Ciata e a pequena África no Rio de Janeiro*. Rio de Janeiro: Funarte, Instituto Nacional de Música, Divisão de Música Popular, 1983.

MUKUNA, Kazadi wa. *Contribuição bantu na música popular brasileira*: perspectivas etnomusicológicas. São Paulo: Global, 1978.

MUNANGA, Kabengele. O que é africanidade. Vozes da África. *Biblioteca Entre Livros*, São Paulo: Duetto, ed. especial, n. 6, p. 8-13, 2007.

NEGRÃO. Lísias Nogueira. *Entre a cruz e a encruzilhada*: formação do campo umbandista em São Paulo. São Paulo: Edusp, 1996.

NOGUEIRA, Paulo Augusto de Souza. Linguagens religiosas: origem, estrutura e dinâmicas. *In*: PASSOS, João Décio; USARSKI, Frank (org.). *Compêndio de Ciência da Religião*. São Paulo: Paulus, 2013. p. 443-455.

OLIVEIRA, Eduardo David de. Africanidades na educação. *Educação em Debate*, Fortaleza, ano 25, v. 2, n. 46, p. 11-15, 2003. Disponível em: http://www.repositorio.ufc.br/bitstream/riufc/15179/3/2003_art_edoliveira.pdf. Acesso em: 23 dez. 2020.

_____. Africanidades. *In*: SILVA, Cidinha da (org.). *Africanidades e relações raciais*: insumos para políticas públicas na área do livro, leitura, literatura e bibliotecas no Brasil. Brasília: Fundação Cultural Palmares, 2014. p. 30-31.

ORTIZ, Renato. *A morte branca do feiticeiro negro*: Umbanda e sociedade brasileira. São Paulo: Brasiliense, 1991.

PEREIRA, Edimilson de Almeida. Elos do Carnaval celebração. *Diálogo*: religião e cultura, São Paulo, ano IX, n. 33, p. 44-47, fev 2004.

_____. *Os tambores estão frios*: herança cultura e sincretismo religioso no ritual de Candomblé. Belo Horizonte: Mazza; Juiz de Fora: Funalfa, 2005.

PRANDI, Reginaldo. *Os candomblés de São Paulo*: a velha magia na metrópole nova. São Paulo: Hucitec-Edusp, 1991.

_____. *Mitologia dos orixás*. São Paulo: Companhia das Letras, 2001.

_____. As religiões afro-brasileiras e seus seguidores. *Civitas*: Revista de Ciências Sociais, Porto Alegre, v. 3, n. 1, p. 15-33, jun. 2003.

REDIKER, Marcus. *O navio negreiro*: uma história humana. São Paulo: Companhia das Letras, 2011.

RIO, João do. *As religiões no Rio*. Rio de Janeiro: Nova Aguilar, 1976.

ROLNIK, Raquel. Territórios negros nas cidades brasileiras: etnicidade e cidade em São Paulo e Rio de Janeiro. *Revista de Estudos Afro-Asiáticos*: CEAA, Universidade Cândido Mendes, Rio de Janeiro, n. 17, p. 1-17, set. 1989. Disponível em: https://raquelrolnik. files.wordpress.com/2013/04/territc3b3rios-negros.pdf. Acesso em: 23 dez. 2020.

SANCHIS, Pierre. Sincretismo e pastoral: o caso dos agentes de pastoral negros no seu meio. *In*: CAROSO, Carlos; BACELAR, Jeferson Afonso (org.). *Faces da tradição afro--brasileira*: religiosidade, sincretismo, anti-sincretismo, reafricanização, práticas terapêuticas, etnobotânica e comida. Rio de Janeiro: Pallas, 1999. p. 171-210.

SANTOS, Juana Elbein dos. *Os nàgô e a morte*: Pàde, Àsèsè e o culto Égun na Bahia. 10. ed. Petrópolis: Vozes, 2001.

SILVA, Vagner Gonçalves da. *Orixás da metrópole*. Rio de Janeiro: Vozes, 1995.

_____ (org.). *Artes do corpo*. São Paulo: Selo Negro, 2004.

_____. *Candomblé e Umbanda*: caminhos da devoção brasileira. 5. ed. São Paulo: Selo Negro, 2005.

_____. *Exu*: o guardião da casa do futuro. Rio de Janeiro: Pallas, 2015.

SIMSON, Olga Rodrigues de Moraes von. *Carnaval em branco e negro*: Carnaval popular paulistano 1914-1988. Campinas: Unicamp, 2007.

SOARES, Reinaldo da Silva. *O cotidiano de uma escola de samba paulistana*: o caso do Vai-Vai. Orientador: Prof. Dr. João Baptista Borges Pereira. 1999. 229 f. Dissertação (Mestrado em Antropologia Social) — Faculdade de Filosofia, Letras e Ciências Humanas, Universidade de São Paulo, São Paulo, 1999.

SODRÉ, Jaime. "Cosme e Damião: celebração, africanização e memória". *In*: MONTES, Maria Lucia (org.). *Cosme e Damião: a arte popular de celebrar os gêmeos* (catálogo de exposição). Coleção Ludmilla Pomerantzeff. São Paulo: Expomus — Exposições, Museus e Projetos Culturais, 2011, pp. 86-108.

SODRÉ, Muniz. *Samba, o dono do corpo*. Rio de Janeiro: Codecri, 1979.

_____. *Mestre Bimba*: corpo de mandinga. Rio de Janeiro: Manati, 2002.

SOUSA JÚNIOR, Vilson Caetano de. *Nagô*: a nação de ancestrais itinerantes. Salvador: FIB Centro Universitário, 2005.

SOUZA, Edileuza Penha de. *Tamborizar*: história e afirmação da autoestima das crianças e adolescentes através dos tambores de Congo. Orientadora: Narcimária Correia do Patrocínio Luz. 2005. Dissertação (Mestrado em Educação) — Universidade do Estado da Bahia, Salvador, 2005.

_____. A ancestralidade africana de Mestre Didi: expandindo a intelectualidade negra brasileira. *In*: CONGRESSO INTERNACIONAL DA ASSOCIAÇÃO DE ESTUDOS BRASILEIROS (BRASA), IX., 2008, Tulane University, New Orleans, Louisiana. *Paper* [...]. Nashville: Brasa, 2008. Disponível em: https://www.academia.edu/36916016/A_Ancestralidade_Africana_de_Mestre_Didi_Expandindo_a_intelectualidade_negra_Brasileira. Acesso em: 23 dez. 2020.

SOUZA, Laura de Mello e. Revisitando o calundu". *In*: GORENSTEIN, Lina; CARNEIRO, Maria Luiza Tucci (Org.). *Ensaios sobre a intolerância*: inquisição, marranismo e anti-semitismo (homenagem a Anita Novinsky). São Paulo: Humanitas, 2002, p. 293-317.

SOUZA, Leal de. *O Espiritismo, a magia e as Sete Linhas de Umbanda*. 3. ed. rev. e ampl. Rio de Janeiro: Fundamentos de Axé, 2019. 320 p.

SOUZA, Marina de Mello e. *Reis negros no Brasil escravista*: história da festa de coroação de Rei Congo. Belo Horizonte: UFMG, 2002.

URBANO, Maria Apparecida. *Carnaval & samba em evolução*: na cidade de São Paulo. São Paulo: Plêiade, 2006.

_____. *Mães do samba*: tias baianas ou tias quituteiras. São Paulo: Clube do Bem-Estar, 2012.

_____. *Quem é quem no samba paulista*. São Paulo: Clube do Bem-Estar, 2014.

VERGER, Pierre Fatumbi. *Orixás*: deuses iorubás na África e no Novo Mundo. Salvador: Corrupio, 1992.

_____. Notas sobre o culto aos orixás e voduns. São Paulo: Edusp, 2012.

VILHENA, Maria Ângela. *Ritos*: expressões e propriedades. São Paulo: Paulinas, 2006.

_____. Salvação solidária: o culto às almas à luz da teologia das religiões. São Paulo: Paulinas, 2012.

_____. Ritos religiosos. *In*: PASSOS, João Décio; USARSKI, Frank (org.). *Compêndio de Ciência da Religião*. São Paulo: Paulus, 2013. p. 513-524.

WALKER, Sheila S. (org.) *Conhecimento desde dentro*: os afro-sul-americanos falam de seus povos e suas histórias. Tradução de Viviane C. Antunes. Rio de Janeiro: Kitabu, 2018.

ANEXO

CALENDÁRIO DE FESTAS RELIGIOSAS DA VAI-VAI

1.1 FESTA DE SÃO COSME, DAMIÃO E DOUM[10]

> Cosme e Damião, cadê Doum?
> Cosme e Damião, vêm comer seu caruru.
> Vadeia Dois-Dois, vadeia no mar.
> A casa é sua, Dois-Dois, eu quero ver vadiar![11]

A tradição de se festejar, em 27 de setembro, os santos gêmeos é tão popular quanto as festas para São Jorge, e faz parte do universo simbólico de católicos e de afrorreligiosos. Para os católicos (MONTES, 2011), seguindo a representação canônica de mártires cristãos, pode-se acrescentar a São Cosme e São Damião os santos São Crispim e São Crispiniano. Para os afrorreligiosos, como veremos adiante, temos a presença de mais um elemento, Doum, representando outros gêmeos, associados ao orixá Ibeji, os orixás gêmeos, herança da cultura africana nagô.

Na escola de samba Vai-Vai, a Festa de São Cosme, Damião e Doum faz parte do calendário religioso. A celebração acontece sempre no mesmo dia em que é escolhido o samba-enredo para o Carnaval. A programação ganhou maior destaque e divulgação na imprensa com a chegada

10 A autora participou do ritual realizado em 30/09/2014.
11 Cantiga de domínio público, em homenagem a São Cosme e São Damião, cantada nos terreiros em dia de festa.

de Pai Francisco, em 2004, que passou a convidar outros pais de santo e mães de santo para a festa. O ritual começa com as oferendas e o xirê, encerrando com a distribuição dos bolos e doces para as crianças e adultos, que lotam a quadra da escola. É dia de servir o caruru de São Cosme, a comida à base de quiabos oferecido ao orixá Ibeji.

O pai de santo explicou a importância da festa:

> Ibeji é um orixá importante. É a alegria. Temos muitas crianças na escola, é o futuro dela. Tem criança na bateria, sambando, e na ala. Sem elas, a escola também não existe. É dia de muita alegria. Na Vai-Vai, são três obrigações grandes durante o ano. A primeira é antes da Procissão de Ogum; depois, vem a dos Ibeji [Cosme e Damião]; e, antes do Carnaval, uma outra bem grande, parecida com a primeira. (Pai Francisco d'Oxum, depoimento concedido em 14/2/2014)

Em 2014, a festa comemorou dez anos, por isso houve uma convocação especial para a comunidade do samba e dos terreiros. A homenagem é para as crianças, todas aquelas que frequentam a agremiação, que moram nos arredores da quadra, e as que são da comunidade. São servidos doces, balas e as comidas típicas baianas, caruru, vatapá, arroz e frango. Todos os anos, o bolo fica por conta da Dona Sônia da velha-guarda, que mantém a tradição. Antes da distribuição dos doces, é feito o ritual aos orixás, em que são entoados cânticos que reverenciam São Cosme e São Damião, pedindo proteção a todas as crianças.

No Brasil, a festa constitui um culto que remete ao universo infantil. Jaime Sodré (2011), em seu artigo "Cosme e Damião: celebração, africanização e memória", recorreu ao antropólogo Vivaldo da Costa Lima para explicar que o rito está ligado ao orixá Ibeji.

Figura 27. Festa de Cosme e Damião.
Fonte: Arquivo da Vai-Vai.

O caruru de São Cosme assume caráter sacrificial, meio sagrado, meio profano, comenta Vivaldo. Seria o caruru de propiciação de agradecimento, de festa, de preceito, o famoso "caruru de Cosminho". O caruru de Cosminho/Ibeji do espaço iorubá representa os gêmeos desta cultura em espaço baiano. Repercutida na sua assimilação sincrética com o Catolicismo popular, a iguaria é servida em tom sacrificial. Esses santos são conhecidos como "santos meninos", "dois-dois", "os mabaças" ou Ibeji e, até impropriamente, como erês. Proporcionalmente, no decorrer da aproximação do Cosme e Damião dos católicos com o personagem Ibeji dos iorubanos, a imaginária dos santos foi se infantilizando, permitindo o culto das crianças numa versão afro-brasileira. (SODRÉ, 2011, p. 103)

Ao orixá Ibeji, estariam associados sete irmãos: Cosme, Damião, Doum, Alabá, Crispim, Crispiniano e Talabi. Sendo Alabá o primeiro filho nascido após o parto duplo, e Talabi a criança que nasceria em condições especiais, nascida para morrer (abiku).[12]

1.2 FESTA DE SÃO BENEDITO[13]

Na Vai-Vai, as festas do santo negro seguem a tradição católica e expressam o sincretismo religioso brasileiro. O padroeiro dos cozinheiros, como é conhecido, tem seus louvores marcados por uma celebração que se destaca pela fartura de comidas e doces distribuídos aos devotos.

Conhecido também como Benedito, o negro — ou Benedito, o africano —, o santo tem muitos devotos entre os sambistas, principalmente aqueles que também participam das atividades da Pastoral Afro, da Igreja Nossa Senhora Achiropita.

A festa acontece, tradicionalmente, no quarto domingo de Páscoa da Ressurreição. Em 2016, foi realizada no dia 17 de abril, em parceria

---

12 Segundo o *Dicionário yorubá-português*, de José Beniste (Bertrand Brasil, 2019), o termo "àbíkú" se refere à "denominação de um tipo de espírito que encarna em pessoas especiais (*lit.* aquele que nasce para morrer e retornar outras vezes)". [NE]

13 A autora participou da Festa de São Benedito em 17/04/2016.

Figura 28. Festa de São Benedito da Vai-Vai, 2016 Foto: Claudia Alexandre (2016).

Figura 29. Congada de São Benedito, de Cotia (SP), na festa da Vai-Vai. Foto: Claudia Alexandre (2016).

com a comunidade da paróquia. Como nos anos anteriores, as celebrações têm início às 7h da manhã, com o toque da alvorada na sede da escola e a presença de ritmistas, da ala das baianas e da velha-guarda. Nas festas religiosas, é comum que essas duas alas tenham presença total nas atividades. O andor com a imagem do santo sai do terreiro de samba às 9h, após o café da manhã coletivo, acompanhado pelos sambistas ao som da bateria.

Entre as escolas de samba convidadas, o cortejo contou com a participação do grupo de congada da cidade de Cotia (SP). Ao final da procissão, que passa pela porta da igreja, na rua 13 de Maio, a imagem retorna à sede da escola, no mesmo percurso em que é realizada a Procissão de Ogum e os ensaios. Depois do retorno à quadra, a imagem é levada para a igreja, onde é rezada a missa festiva e os participantes seguem para o almoço, que é servido no Salão São Benedito, dentro da paróquia. À noite, tem samba em homenagem a São Benedito no terreiro de samba.

1.3 O ENSAIO DA BENÇÃO: O ÚLTIMO ENCONTRO ANTES DO DESFILE[14]

O ensaio de qualquer escola de samba é a principal forma de reunir a comunidade em torno do objetivo de se preparar para o concurso de Carnaval. Com um dos mais movimentados ensaios da cidade, a Vai-Vai realiza os encontros na rua São Vicente, literalmente na rua, onde chegam a se reunir cerca de dez mil pessoas, conforme cálculo dos próprios organizadores.

O domingo que antecede os desfiles no Sambódromo é reservado à realização do Ensaio da Benção. Para o grupo, representa um encontro que reforça a esperança na conquista do campeonato e o sentido da fé nos orixás cultuados na escola. Nesse dia, são exaltados todos os

14 A autora participou do Ensaio da Benção em 09/02/2015, 31/01/2016 e 20/02/2017. No Carnaval de 2017, quando a escola homenageou a ialorixá Mãe Menininha, ela desfilou como integrante convidada da ala da diretoria. A fantasia representava uma equédi (cargo feminino de grande importância no Candomblé conferido àquelas que não incorporam).

símbolos sacralizados da escola. Há, também, momentos de exaltação à velha-guarda, à bateria e ao pavilhão da escola. A comunidade recebe o padre da Igreja Nossa Senhora Achiropita, que conduz o ritual ao lado do pai de santo da escola.

Os religiosos sobem ao palco e abençoam toda a comunidade da Vai-Vai, desejando que todos os santos e todos os orixás a protejam no desfile de Carnaval. O presidente toma a palavra para saudar e incentivar a comunidade, sempre terminando com uma reverência especial ao casal de mestre-sala e porta-bandeira, o guardião e a portadora do pavilhão sagrado.

O encerramento do Ensaio da Benção é um ritual de devoção à escola e de celebração aos ancestrais. Vê-se um ritual protagonizado pelo casal e a bandeira da escola. Fernando Penteado, pai da porta-bandeira e compositor do samba "Exaltação à porta-bandeira", entoa a canção para o símbolo máximo da escola:

> Lá vem ela, charmosa e faceira.
> Lá vem ela, sorridente e altaneira.
> Lá vem ela, a majestade porta-bandeira,
> a conduzir meu pavilhão,
> que representa esta nação.
> Seu mestre-sala, faça como o beija-flor,
> beijando a flor,
> a conduza com carinho,
> com galhardia e muito amor.